CONTES
ET NOUVELLES
DE
LA FONTAINE

TOME SECOND

A PARIS

DES PRESSES DE D. JOUAUST

Rue Saint-Honoré, 338

MDCCCLXXIV

CONTES
ET NOUVELLES
EN VERS
PAR M. DE LA FONTAINE

TOME SECOND

A PARIS
CHEZ A. BARRAUD ÉDITEUR
23, Rue de Seine, 23

MDCCCLXXIV

PRÉFACE DE L'AUTEUR

SUR LE SECOND TOME DE CES CONTES

Voici *les derniers ouvrages de cette nature qui partiront des mains de l'auteur, et par conséquent la derniere occasion de justifier ses hardiesses et les licences qu'il s'est données. Nous ne parlons point des mauvaises rimes, des vers qui enjambent, des deux voyelles sans élision, ni en général de ces sortes de négligences qu'il ne se pardonneroit*

pas lui-même en un autre genre de poésie, mais qui sont inséparables, pour ainsi dire, de celui-ci. Le trop grand soin de les éviter jetteroit un faiseur de contes en de longs détours, en des récits aussi froids que beaux, en des contraintes fort inutiles, et lui feroit négliger le plaisir du cœur, pour travailler à la satisfaction de l'oreille. Il faut laisser les narrations étudiées pour les grands sujets, et ne pas faire un poëme épique des aventures de Renaud d'Ast. Quand celui qui a rimé ces Nouvelles y auroit apporté tout le soin et l'exactitude qu'on lui demande, outre que ce soin s'y remarqueroit d'autant plus qu'il est moins nécessaire, et que cela contrevient aux préceptes de Quintilien, encore l'auteur n'auroit-il pas satisfait au principal point, qui est d'attacher le lecteur, de le réjouir, d'attirer malgré lui son attention, de lui plaire enfin. Car, comme l'on sçait, le secret de plaire ne consiste pas toujours en l'ajustement, ni même en la régularité. Il faut du piquant et de l'agréable, si l'on veut toucher. Combien voyons-nous de ces beautés régulieres qui ne touchent point et dont personne n'est amou-

reux! Nous ne voulons pas ôter aux modernes la louange qu'ils ont méritée. Le beau tour de vers, le beau langage, la justesse, les bonnes rimes, sont des perfections en un poëte; cependant, que l'on considere quelques-unes de nos épigrammes où tout cela se rencontre, peut-être y trouvera-t-on beaucoup moins de sel, j'oserois dire encore bien moins de graces, qu'en celles de Marot et de S. Gelais, quoique les ouvrages de ces derniers soient presque tous pleins de ces mêmes fautes qu'on nous impute. On dira que ce n'étoient pas des fautes en leur siecle, et que c'en sont de très-grandes au nôtre. A cela nous répondons par un même raisonnement, et disons, comme nous avons déjà dit, que c'en seroit en effet dans un autre genre de poésie, mais que ce n'en sont point dans celui-ci. Feu M. de Voiture en est le garant. Il ne faut que lire ceux de ses ouvrages où il fait revivre le caractere de Marot; car notre auteur ne prétend pas que la gloire lui en soit due, ni qu'il ait mérité non plus de grands applaudissemens du public pour avoir rimé quelques contes. Il s'est véritablement engagé dans une carriere *toute nouvelle, et l'a fournie le mieux qu'il a pu, prenant tantôt un chemin, tantôt l'autre, et marchant toujours plus assurément quand il a suivi la maniere de nos vieux poëtes :* Quorum in hac re imitari negligentiam exoptat, potius quam istorum diligentiam. *Mais, en disant que nous voulons passer ce point-là, nous nous sommes insensiblement engagé à l'examiner, et peut-être n'a-ce pas été inutilement ; car il n'y a rien qui ressemble mieux à des fautes que ces licences. Venons à la liberté que l'auteur se donne de tailler dans le bien d'autrui ainsi que dans le sien propre, sans qu'il en excepte les nouvelles même les plus connues, ne s'en trouvant point d'inviolables pour lui. Il retranche, il amplifie, il change les incidens et les circonstances, quelquefois le principal événement et la suite ; enfin ce n'est plus la même chose, c'est proprement une Nouvelle nouvelle ; et celui qui l'a inventée auroit bien de la peine à reconnoître son propre ouvrage.* Non sic decet contaminari fabulas, *diront les critiques. Et comment ne le diroient-ils pas ? Ils ont bien fait le même reproche à Térence ; mais Térence s'est* moqué d'eux et a prétendu avoir droit d'en user ainsi. Il a mêlé du sien parmi les sujets qu'il a tirés de Ménandre, comme Sophocle et Euripide ont mêlé du leur parmi ceux qu'ils ont tirés des écrivains qui les précédoient, n'épargnant histoire ni fable où il s'agissoit de la bienséance et des règles du dramatique. Ce privilége cessera-t-il à l'égard des contes faits à plaisir, et faudra-t-il avoir dorénavant plus de respect et plus de religion, s'il est permis d'ainsi dire, pour le mensonge, que les anciens n'en ont eu pour la vérité? Jamais ce qu'on appelle un bon conte ne passe d'une main à l'autre sans recevoir quelque nouvel embellissement. D'où vient donc, nous pourra-t-on dire, qu'en beaucoup d'endroits l'auteur retranche au lieu d'enchérir? Nous en demeurons d'accord, et il le fait pour éviter la longueur et l'obscurité, deux défauts intolérables dans ces matieres, le dernier sur-tout: car, si la clarté est recommandable en tous les ouvrages de l'esprit, on peut dire qu'elle est nécessaire dans les récits, où une chose, la plupart du temps, est la suite et la dépendance d'une autre, où le moindre fonde quelquefois le plus important; ensorte que, si le fil vient une fois à se rompre, il est impossible au lecteur de le renouer. D'ailleurs, comme les narrations en vers sont très-malaisées, il se faut charger de circonstances le moins qu'on peut. Par ce moyen, vous vous soulagez vous-même, et vous soulagez aussi le lecteur, à qui l'on ne sçauroit manquer d'apprêter des plaisirs sans peine. Que si l'auteur a changé quelques incidens et même quelque catastrophe, ce qui préparoit cette catastrophe et la nécessité de la rendre heureuse l'y ont contraint. Il a cru que dans ces sortes de contes chacun devoit être content à la fin. Cela plaît au lecteur, à moins qu'on ne lui ait rendu les personnes trop odieuses; mais il n'en faut point venir là, si l'on peut, ni faire rire et pleurer dans une même nouvelle. Cette bigarrure déplaît à Horace sur toutes choses: il ne veut pas que nos compositions ressemblent aux grotesques, et que nous fassions un ouvrage moitié femme, moitié poisson. Ce sont les raisons générales que l'auteur a eues; on en pourroit encore alléguer de particulieres, et défendre chaque endroit; mais il faut *laisser quelque chose à faire à l'habileté et à l'indulgence des lecteurs. Ils se contenteront donc de ces raisons-ci. Nous les aurions mises un peu plus au jour, et fait valoir davantage, si l'étendue des préfaces l'avoit permis.*

LES OIES DE FRERE PHILIPPE

NOUVELLE TIRÉE DE BOCACE

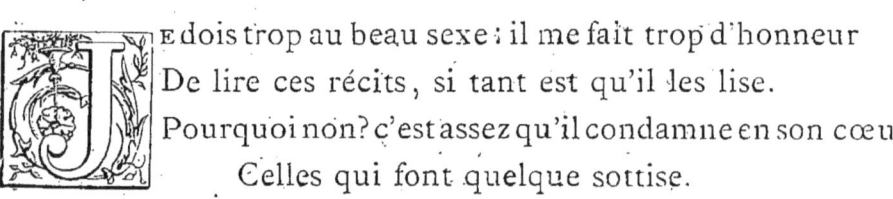E dois trop au beau sexe; il me fait trop d'honneur
De lire ces récits, si tant est qu'il les lise.
Pourquoi non? c'est assez qu'il condamne en son cœur
    Celles qui font quelque sottise.

    Ne peut-il pas, sans qu'il le dise,
    Rire sous cape de ces tours,
    Quelque aventure qu'il y trouve?
    S'ils sont faux, ce sont vains discours;

S'ils sont vrais, il les désaprouve.
Iroit-il après tout s'alarmer sans raison
Pour un peu de plaisanterie?
Je craindrois bien plutôt que la cajolerie
Ne mît le feu dans la maison.
Chassez les soûpirans; belles, souffrez mon livre;
Je réponds de vous corps pour corps.
Mais pourquoi les chasser? ne sçauroit-on bien vivre
Qu'on ne s'enferme avec les morts?
Le monde ne vous connoît gueres,
S'il croit que les faveurs sont chez vous familieres :
Non pas que les heureux amans
Soient ni phénix ni corbeaux blancs;
Aussi ne sont-ce fourmillieres.
Ce que mon livre en dit, doit passer pour chansons.
J'ai servi des beautés de toutes les façons :
Qu'ai-je gagné? très-peu de chose;
Rien. Je m'aviserois sur le tard d'être cause
Que la moindre de vous commît le moindre mal.
Contons, mais contons bien; c'est le point principal,
C'est tout : à cela près, censeurs, je vous conseille
De dormir comme moi sur l'une et l'autre oreille.
Censurez tant qu'il vous plaira
Méchans vers et phrases méchantes;
Mais pour bons tours, laissez-les là :

Ce sont choses indifférentes ;
Je n'y vois rien de périlleux.
Les meres, les maris me prendront aux cheveux
Pour dix ou douze contes bleus !
Voyez un peu la belle affaire !
Çe que je n'ai pas fait, mon livre iroit le faire !
Beau sexe, vous pouvez le lire en sûreté ;
Mais je voudrois m'être acquité
De cette grace par avance.
Que puis-je faire en récompense ?
Un conte où l'on va voir vos appas triompher :
Nulle précaution ne les put étouffer.
Vous auriez surpassé le printems et l'aurore
Dans l'esprit d'un garçon, si dès ses jeunes ans,
Outre l'éclat des cieux et les beautés des champs,
Il eût vu les vôtres encore.
Aussi dès qu'il les vit, il en sentit les coups ;
Vous surpassâtes tout ; il n'eut d'yeux que pour vous ;
Il laissa les palais : enfin votre personne
Lui parut avoir plus d'attraits
Que n'en auroient à beaucoup près
Tous les joyaux de la couronne.
On l'avoit dès l'enfance élevé dans un bois.
Là son unique compagnie
Consistoit aux oiseaux : leur aimable harmonie

Le désennuyoit quelquefois.
Tout son plaisir étoit cet innocent ramage :
Encor ne pouvoit-il entendre leur langage.
    En une école si sauvage
Son pere l'amena dès ses plus tendres ans.
    Il venoit de perdre sa mere ;
Et le pauvre garçon ne connut la lumiere
    Qu'afin qu'il ignorât les gens.
Il ne s'en figura, pendant un fort long temps,
    Point d'autres que les habitans
    De cette forêt ; c'est-à-dire,
Que des loups, des oiseaux, enfin ce qui respire
Pour respirer sans plus et ne songer à rien.
Ce qui porta son pere à fuir tout entretien,
Ce furent deux raisons, ou mauvaises, ou bonnes :
    L'une, la haine des personnes ;
    L'autre, la crainte ; et depuis qu'à ses yeux
Sa femme disparut, s'envolant dans les cieux,
    Le monde lui fut odieux :
    Las d'y gémir et de s'y plaindre,
    Et par tout des plaintes ouïr,
Sa moitié le lui fit par son trépas haïr,
    Et le reste des femmes craindre.
Il voulut être hermite, et destina son fils
    A ce même genre de vie.

Ses biens aux pauvres départis,
Il s'en va seul, sans compagnie,
Que celle de ce fils qu'il portoit dans ses bras :
Au fond d'une forêt il arrête ses pas.
(Cet homme s'appelloit Philippe, dit l'histoire.)
Là par un saint motif, et non par humeur noire,
Notre hermite nouveau cache avec très-grand soin
Cent choses à l'enfant; ne lui dit près ni loin
   Qu'il fût au monde aucune femme,
  Aucuns desirs, aucun amour;
Au progrès de ses ans réglant en ce séjour
  La nourriture de son ame;
A cinq il lui nomma des fleurs, des animaux;
  L'entretint de petits oiseaux;
Et parmi ce discours aux enfans agréable,
  Mêla des menaces du diable;
Lui dit qu'il étoit fait d'une étrange façon :
La crainte est aux enfans la premiere leçon.
Les dix ans expirés, matiere plus profonde
Se mit sur le tapis : un peu de l'autre monde
  Au jeune enfant fut révélé;
  Et de la femme point parlé.
  Vers quinze ans lui fut enseigné,
Tout autant que l'on put, l'auteur de la nature;
  Et rien touchant la créature.

Ce propos n'est alors déja plus de saison
      Pour ceux qu'au monde on veut soustaire;
Telle idée en ce cas est fort peu nécessaire
Quand ce fils eut vingt ans, son pere trouva bon
      De le mener à la ville prochaine.
Le vieillard tout cassé ne pouvoit plus qu'à peine
Aller querir son vivre; et lui mort, après tout
Que feroit ce cher fils? comment venir à bout
      De subsister sans connoître personne?
Les loups n'étoient pas gens qui donnassent l'aumône.
      Il sçavoit bien que le garçon
      N'auroit de lui, pour héritage,
      Qu'une besace et qu'un bâton :
      C'étoit un étrange partage.
Le pere à tout cela songeoit sur ses vieux ans.
      Au reste il étoit peu de gens
      Qui ne lui donnassent la miche.
      Frere Philippe eût été riche,
   S'il eût voulu. Tous les petits enfans
   Le connoissoient; et du haut de leur tête
      Ils crioient : Apprêtez la quête,
Voilà frere Philippe. Enfin dans la cité
      Frere Philippe souhaité
Avoit force dévots; de dévotes pas une;
      Car il n'en vouloit point avoir.

Si tôt qu'il crut son fils ferme dans son devoir,
  Le pauvre homme le mene voir
 Les gens de bien, et tente la fortune.
Ce ne fut qu'en pleurant qu'il exposa ce fils.
  Voilà nos hermites partis.
Ils vont à la cité superbe, bien bâtie,
  Et de tous objets assortie :
  Le prince y faisoit son séjour.
  Le jeune homme tombé des nues
Demandoit : Qu'est-ce là ?... Ce sont des gens de cour...
Et là ?... Ce sont palais... Ici ?... Ce sont statues...
Il considéroit tout, quand de jeunes beautés
  Aux yeux vifs, aux traits enchantés,
Passerent devant lui : dès-lors nulle autre chose
  Ne put ses regards attirer.
Adieu palais, adieu ce qu'il vient d'admirer :
 Voici bien pis, et bien une autre cause
  D'étonnement.
Ravi comme en extase cet objet charmant,
  Qu'est-ce là, dit-il à son pere,
  Qui porte un si gentil habit ?
Comment l'appelle-t-on ? Ce discours ne plut guere
  Au bon vieillard, qui répondit :
  C'est un oiseau qui s'appelle oie.
O l'agréable oiseau ! dit le fils plein de joie.

Oie, hélas! chante un peu, que j'entende ta voix.
　　　Ne pourroit-on point te connoître?
Mon pere, je vous prie et mille et mille fois,
　　　Menons-en une en notre bois,
　　　J'aurai soin de la faire paître.

RICHARD MINUTOLO

NOUVELLE TIRÉE DE BOCACE

C'est de tout temps qu'à Naples on a vu
Régner l'amour et la galanterie.
De beaux objets cet état est pourvu,
Mieux que pas un qui soit en Italie.
Femmes y sont qui font venir l'envie
D'être amoureux quand on ne voudroit pas.
Une sur-tout ayant beaucoup d'appas
Eut pour amant un jeune gentilhomme,
Qu'on appelloit Richard Minutolo :
Il n'étoit lors de Paris jusqu'à Rome
Galant qui sçût si bien le numéro.
Force lui fut; d'autant que cette belle
(Dont sous le nom de Madame Catelle
Il est parlé dans le Décaméron)
Fut un long temps si dure et si rebelle,
Que Minutol n'en sçut tirer raison.
Que fait-il donc? Comme il voit que son zèle
Ne produit rien, il feint d'être guéri :
Il ne va plus chez Madame Catelle ;
Il se déclare amant d'une autre belle ;

Il fait semblant d'en être favori.
Catelle en rit; pas grain de jalousie.
Sa concurrente étoit sa bonne amie :
Si bien qu'un jour qu'ils étoient en devis,
Minutolo, pour lors de la partie,
Comme en passant mit dessus le tapis
Certain propos de certaines coquettes,
Certain mari, certaines amourettes,
Qu'il controuva, sans personne nommer ;
Et fit si bien que Madame Catelle
De son époux commence à s'alarmer,
Entre en soupçon, prend le morceau pour elle :
Tant en fut dit, que la pauvre femelle,
Ne pouvant plus durer en tel tourment,
Voulut sçavoir de son défunt amant,
Qu'elle tira dedans une ruelle,
De quelles gens il entendoit parler ;
Qui, quoi, comment, et ce qu'il vouloit dire.
Vous avez eu, lui dit-il, trop d'empire
Sur mon esprit pour vous dissimuler.
Votre mari voit Madame Simone :
Vous connoissez la galante que c'est.
Je ne le dis pour offenser personne,
Mais il y va tant de votre intérêt
Que je n'ai pu me taire davantage.

MINUTOLO.

Si je vivois dessous votre servage,
Comme autrefois, je me garderois bien
De vous tenir un semblable langage,
Qui de ma part ne seroit bon à rien.
De ses amans toujours on se méfie.
Vous penseriez que par supercherie
Je vous dirois du mal de votre époux ;
Mais, grace à Dieu, je ne veux rien de vous.
Ce qui me meut n'est du tout que bon zèle.
Depuis un jour j'ai certaine nouvelle
Que votre époux chez Janot le baigneur
Doit se trouver avecque sa donzelle.
Comme Janot n'est pas fort grand seigneur,
Pour cent ducats vous lui ferez tout dire ;
Pour cent ducats il fera tout aussi.
Vous pouvez donc tellement vous conduire,
Qu'au rendez-vous trouvant votre mari,
Il sera pris sans s'en pouvoir dédire.
Voici comment. La dame a stipulé
Qu'en une chambre où tout sera fermé
L'on les mettra ; soit craignant qu'on n'ait vue
Sur le baigneur, soit que, sentant son cas,
Simone encor n'ait toute honte bue.
Prenez sa place, et ne marchandez pas :
Gagnez Janot, donnez-lui cent ducats ;

Il vous mettra dedans la chambre noire;
Non pour jeûner, comme vous pouvez croire :
Trop bien ferez tout ce qu'il vous plaira.
Ne parlez point, vous gâteriez l'histoire :
Et vous verrez comme tout en ira.
L'expédient plut très-fort à Catelle.
De grand dépit Richard elle interrompt.
Je vous entends : c'est assez, lui dit-elle;
Laissez-moi faire; et le drôle et sa belle
Verront beau jeu si la corde ne rompt.
Pensent-ils donc que je sois quelque buze ?
Lors pour sortir elle prend une excuse
Et tout d'un pas s'en va trouver Janot,
A qui Richard avoit donné le mot.
L'argent fait tout : si l'on en prend en France
Pour obliger en de semblables cas,
On peut juger avec grande apparence
Qu'en Italie on n'en refuse pas.
Pour tout carquois, d'une large escarcelle
En ce pays le dieu d'amour se sert.
Janot en prend de Richard, de Catelle;
Il en eût pris du grand diable d'enfer.
Pour abréger, la chose s'exécute.
Comme Richard s'étoit imaginé.
Sa maîtresse eut d'abord quelque dispute.

MINUTOLO.

Avec Janot, qui fit le réservé ;
Mais en voyant bel argent bien compté,
Il promet plus que l'on ne lui demande.
Le temps venu d'aller au rendez-vous,
Minutolo s'y rend seul de sa bande ;
Entre en la chambre, et n'y trouve aucuns trous
Par où le jour puisse nuire à sa flâme.
Guères n'attend : il tardoit à la dame
D'y rencontrer son perfide d'époux,
Bien préparée à lui chanter sa game.
Pas n'y manqua, l'on peut s'en assurer.
Dans le lieu dit Janot la fit entrer.
Là ne trouva ce qu'elle alloit chercher :
Point de mari, point de dame Simone ;
Mais au lieu d'eux Minutol en personne,
Qui sans parler se mit à l'embrasser.
Quant au surplus, je le laisse à penser :
Chacun s'en doute assez sans qu'on le die.
De grand plaisir notre amant s'extasie.
Que si le jeu plut beaucoup à Richard,
Catelle aussi, toute rancune à part,
Le laissa faire, et ne voulut mot dire.
Il en profite, et se garde de rire ;
Mais toutefois ce n'est pas sans effort.
De figurer le plaisir qu'a le sire,

Il me faudroit un esprit bien plus fort.
Premierement il jouit de sa belle ;
En second lieu il trompe une cruelle,
Et croit gagner les pardons en cela.
Mais à la fin Catelle s'emporta.
C'est trop souffrir, traître, ce lui dit-elle ;
Je ne suis pas celle que tu prétens.
Laisse-moi-là ; sinon à belles dents
Je te déchire, et te saute à la vue.
C'est donc cela que tu te tiens en mue,
Fais le malade, et te plains tous les jours ;
Te réservant sans doute à tes amours.
Parle, méchant ; dis-moi, suis-je pourvue
De moins d'appas ? ai-je moins d'agrément,
Moins de beauté que ta dame Simone ?
Le rare oiseau ! O la belle friponne !
T'aimois-je moins ? Je te hais à présent ;
Et plut à Dieu que je t'eusse vu pendre.
Pendant cela Richard, pour l'appaiser,
La caressoit, tâchoit de la baiser ;
Mais il ne put ; elle s'en sçut défendre.
Laisse-moi-là, se mit-elle à crier ;
Comme un enfant penses-tu me traiter ?
N'approche point ; je ne suis plus ta femme :
Rends-moi mon bien ; va-t-en trouver ta dame :

Va, déloyal; va-t-en, je te le dis.
Je suis bien sotte et bien de mon pays,
De te garder la foi de mariage :
A quoi tient-il que, pour te rendre sage,
Tout sur-le-champ je n'envoye querir
Minutolo qui m'a si fort chérie?
Je le devrois, afin de te punir;
Et sur ma foi j'en ai presque l'envie.
A ce propos le galant éclata.
Tu ris, dit-elle; ô dieux! quelle insolence!
Rougira-t-il? voyons sa contenance.
Lors de ses bras la belle s'échappa;
D'une fenêtre à tâtons approcha;
L'ouvrit de force et fut bien étonnée
Quand elle vit Minutol son amant.
Elle tomba plus d'à demi-pâmée.
Ah! qui t'eût cru, dit-elle, si méchant!
Que dira-t-on! Me voilà diffamée.
Qui le sçaura, dit Richard à l'instant?
Janot est sûr; j'en répons sur ma vie.
Excusez donc si je vous ai trahie :
Ne me sçachez mauvais gré d'un tel tour :
Adresse, force, et ruse, et tromperie,
Tout est permis en matiere d'amour.
J'étois réduit, avant ce stratagême,

A vous servir sans plus pour vos beaux yeux :
Ai-je failli de me payer moi-même?
L'eussiez-vous fait? Non sans doute; et les dieux
En ce rencontre ont tout fait pour le mieux.
Je suis content; vous n'êtes point coupable;
Est-ce de quoi paroître inconsolable?
Pourquoi gémir? J'en connois, dieu merci,
Qui voudroient bien qu'on les trompât ainsi.
Mais ce discours n'appaisa point Catelle.
Elle se mit à pleurer tendrement.
En cet état elle parut si belle,
Que Minutol de nouveau s'enflâmant
Lui prit la main. Laisse-moi, lui dit-elle :
Contente-toi... veux-tu donc que j'appelle
Tous les voisins, tous les gens de Janot?
Ne faites point, dit-il, cette folie;
Votre plus court est de ne dire mot.
Pour de l'argent, et non par tromperie
(Comme le monde est à présent bâti),
L'on vous croiroit venue en ce lieu-ci.
Que si d'ailleurs cette supercherie
Alloit jamais jusqu'à votre mari,
Quel déplaisir! Songez-y, je vous prie;
En des combats n'engagez point sa vie :
Je suis du moins aussi mauvais que lui.

A ces raisons enfin Catelle cede.
La chose étant, poursuit-il, sans remede,
Le mieux sera que vous vous consoliez.
N'y pensez plus. Si pourtant vous vouliez...
Mais bannissons bien loin toute espérance :
Jamais mon zèle et ma persévérance
N'ont eu de vous que mauvais traitement.
Si vous vouliez, vous feriez aisément
Que le plaisir de cette jouissance
Ne seroit pas, comme il est, imparfait.
Que reste-t-il ? le plus fort en est fait.
Tant bien sçut dire et prêcher, que la dame,
Séchant ses yeux, rassérénant son ame,
Plus doux que miel à la fin l'écouta.
D'une faveur en une autre il passa,
Eut un souris, puis après autre chose,
Puis un baiser, puis autre chose encor ;
Tant que la belle, après un peu d'effort,
Vient à son point, et le drôle en dispose.
Heureux cent fois plus qu'il n'avoit été :
Car quand l'amour d'un et d'autre côté
Veut s'entremettre et prend part à l'affaire,
Tout va bien mieux, comme m'ont assuré
Ceux que l'on tient sçavans en ce mystere.
Ainsi Richard jouit de ses amours,

Vécut content et fit force bons tours,
Dont celui-ci peut passer à la montre.
Pas ne voudrois en faire un plus rusé.
Que plût à Dieu qu'en certaine rencontre
D'un pareil cas je me fusse avisé!

LES CORDELIERS DE CATALOGNE

NOUVELLE

TIRÉE DES CENT NOUVELLES NOUVELLES

JE veux vous conter la besogne
Des cordeliers de Catalogne,
Besogne où ces peres en Dieu
Témoignerent en certain lieu
Une charité si fervente
Que mainte femme en fut contente,
Et crut y gagner paradis.
Telles gens, par leurs bons avis,
Mettent à bien les jeunes ames,
Tirent à soi filles et femmes,
Se sçavent emparer du cœur,
Et dans la vigne du Seigneur
Travaillent ainsi qu'on peut croire,
Et qu'on verra par cette histoire.
Au temps que le sexe vivoit
Dans l'ignorance, et ne sçavoit
Gloser encor sur l'Évangile
(Temps à coter fort difficile),
Un essaim de freres Mineurs,
Pleins d'appétit et beaux dîneurs,

S'alla jetter dans une ville
En jeunes beautés très-fertile.
Pour des galants, peu s'en trouvoit ;
De vieux maris, il en pleuvoit.
A l'abord une confrérie
Par les bons peres fut bâtie.
Femme n'étoit qui n'y courût,
Qui ne s'en mît, et qui ne crût
Par ce moyen être sauvée ;
Puis, quand leur foi fut éprouvée,
On vint au véritable point.
Frere André ne marchanda point
Et leur fit ce beau petit prêche :
Si quelque chose vous empêche
D'aller tout droit en paradis,
C'est d'épargner pour vos maris
Un bien dont ils n'ont plus que faire
Quand ils ont pris leur nécessaire,
Sans que jamais il vous ait plu
Nous faire part du superflu.
Vous me direz que notre usage
Répugne aux dons du mariage.
Nous l'avouons, et, Dieu merci,
Nous n'aurions que voir en ceci,
Sans le soin de vos consciences.

La plus grieve des offenses,
C'est d'être ingrate : Dieu l'a dit
Pour cela Satan fut maudit.
Prenez-y garde, et de vos restes
Rendez grace aux bontés célestes,
Nous laissant dîmer sur un bien
Qui ne vous coûte presque rien.
C'est un droit, ô troupe fidelle,
Qui vous témoigne notre zèle,
Droit authentique et bien signé
Que les papes nous ont donné ;
Droit enfin, et non pas aumône :
Toute femme doit en personne
S'en acquiter trois fois le mois
Vers les enfans de saint François.
Cela fondé sur l'Écriture,
Car il n'est bien dans la nature
(Je le répete, écoutez-moi)
Qui ne subisse cette loi
De reconnoissance et d'hommage.
Or, les œuvres de mariage
Étant un bien, comme sçavez,
Ou sçavoir chacune devez,
Il est clair que dîme en est due.
Cette dîme sera reçue

Selon notre petit pouvoir.
Quelque peine qu'il faille avoir,
Nous la prendrons en patience.
N'en faites point de conscience :
Nous sommes gens qui n'avons pas
Toutes nos aises ici-bas.
Au reste, il est bon qu'on vous dise
Qu'entre la chair et la chemise
Il faut cacher le bien qu'on fait :
Tout ceci doit être secret
Pour vos maris et pour tout autre.
Voici trois beaux mots de l'Apôtre
Qui sont à notre intention :
Foi, charité, discrétion.
Frere André, par cette éloquence,
Satisfit fort son audience,
Et passa pour un Salomon.
Peu dormirent à son sermon.
Chaque femme, ce dit l'histoire,
Garda très-bien dans sa mémoire,
Et mieux encor dedans son cœur,
Le discours du prédicateur.
Ce n'est pas tout : il s'exécute.
Chacune accourt : grande dispute
A qui la premiere paîra.

Mainte bourgeoise murmura
Qu'au lendemain on l'eût remise,
Et notre mere sainte Église,
Ne sçachant comme renvoyer
Cet escadron prêt à payer,
Fut contrainte enfin de leur dire :
De par Dieu, souffrez qu'on respire ;
C'en est assez pour le présent :
On ne peut faire qu'en faisant.
Réglez votre temps sur le nôtre :
Aujourd'hui l'une, et demain l'autre ;
Tout avec ordre, et, croyez-nous,
On en va mieux quand on va doux.
Le sexe suit cette sentence :
Jamais de bruit pour la quittance,
Trop bien quelque collation,
Et le tout par dévotion ;
Puis de trinquer à la commere.
Je laisse à penser quelle chere
Faisoit alors frere Frapart.
Tel d'entr'eux avoit pour sa part
Dix jeunes femmes bien payantes,
Frisques, gaillardes, attrayantes ;
Tel aux douze et quinze passoit ;
Frere Roc à vingt se chaussoit.

Tant et si bien que les donzelles,
Pour se montrer plus ponctuelles,
Payoient deux fois assez souvent :
Dont il avint que le couvent,
Las enfin d'un tel ordinaire,
Après avoir à cette affaire
Vaqué cinq ou six mois entiers,
Eût fait crédit bien volontiers.
Mais les donzelles, scrupuleuses,
De s'acquiter étoient soigneuses,
Croyant faillir en retenant
Un bien à l'ordre appartenant.
Point de dîmes accumulées.
Il s'en trouva de si zelées
Que par avance elles payoient.
Les beaux peres n'expédioient
Que les fringantes et les belles,
Enjoignant aux sempiternelles
De porter en bas leur tribut :
Car dans ces dîmes de rebut
Les lais trouvoient encore à frire.
Bref, à peine il se pourroit dire
Avec combien de charité
Le tout étoit exécuté.
Il avint qu'une de la bande

Qui vouloit porter son offrande,
Un beau soir, en chemin faisant,
Et son mari la conduisant,
Lui dit : Mon Dieu, j'ai quelque affaire
Là dedans avec certain frere ;
Ce sera fait dans un moment.
L'époux répondit brusquement :
Quoi ? quelle affaire ? Êtes-vous folle ?
Il est minuit, sur ma parole.
Demain vous direz vos péchés :
Tous les bons peres sont couchés.
Cela n'importe, dit la femme.
Et par Dieu si, dit-il, madame ;
Je tiens qu'il importe beaucoup :
Vous ne bougerez pour ce coup.
Qu'avez-vous fait, et quelle offense
Presse ainsi votre conscience ?
Demain matin, j'en suis d'accord.
Ah ! monsieur, vous me faites tort,
Reprit-elle ; ce qui me presse,
Ce n'est pas d'aller à confesse,
C'est de payer, car, si j'attens,
Je ne le pourrai de long-temps :
Le frere aura d'autres affaires.
Quoi payer ?... La dîme aux bons peres...

Quelle dîme?... Sçavez-vous pas?...
Moi, je le sais : c'est un grand cas
Que toujours femme aux moines donne.
Mais cette dîme ou cette aumône,
La sçaurai-je point à la fin?
Voyez, dit-elle; qu'il est fin!
N'entendez-vous pas ce langage?
C'est des œuvres de mariage.
Quelles œuvres? reprit l'époux.
Et-là, monsieur, c'est ce que nous...
Mais j'aurois payé depuis l'heure.
Vous êtes cause qu'en demeure
Je me trouve présentement,
Et cela je ne sçais comment :
Car toujours je suis coutumiere
De payer toute la premiere.
L'époux, rempli d'étonnement,
Eut cent pensers en un moment.
Par tant d'endroits tourna sa femme
Qu'il apprit que mainte autre dame
Payoit la même pension :
Ce lui fut consolation.
Sçachez, dit la pauvre innocente,
Que pas une n'en est exempte :
Votre sœur paye à frere Aubri;

La baillie au pere Fabri ;
Son Altesse, à frere Guillaume
Un des beaux moines du royaume :
Moi qui paye à frere Girard,
Je voulois lui porter ma part.
Que de maux la langue nous cause !
Quand ce mari sçut toute chose,
Il résolut premierement
D'en avertir secrettement
Monseigneur, puis les gens de ville.
Mais, comme il étoit difficile
De croire un tel cas dès l'abord,
Il voulut avoir le rapport
Du drôle à qui payoit sa femme.
Le lendemain, devant la dame
Il fait venir frere Girard,
Lui porte à la gorge un poignard,
Lui fait conter tout le mystere ;
Puis, ayant enfermé ce frere
A double clef, bien garoté,
Et la dame d'autre côté ;
Il va par-tout conter sa chance.
Au logis du prince il commence ;
Puis il descend chez l'échevin,
Puis il fait sonner le tocsin.

Chacun opine à la vengeance.
L'un dit qu'il faut en diligence
Aller massacrer ces cagots;
L'autre dit qu'il faut de fagots
Les entourer dans leur repaire,
Et brûler gens et monastere.
Tel veut qu'ils soient à l'eau jetés,
Dedans leurs frocs empaquetés;
Tel invente un autre supplice,
Et chacun selon son caprice.
Bref, tous conclurent à la mort :
L'avis du feu fut le plus fort.
On court au couvent tout à l'heure;
Mais par respect de la demeure,
L'arrêt ailleurs s'exécuta :
Un bourgeois sa grange prêta.
La penaille, ensemble enfermée,
Fut en peu d'heures consumée,
Les maris sautant à l'entour
Et dansant au son du tambour.
Rien n'échappa de leur colere,
Ni moinillon, ni béat pere :
Robes, manteaux et capuchons,
Tout fut brûlé comme cochons.
Tous périrent dedans les flâmes.

Je ne sçais ce qu'on fit des femmes.
Pour le pauvre frere Girard,
Il avoit eu son fait à part.

LE BERCEAU

NOUVELLE TIRÉE DE BOCACE

Non loin de Rome un hôtelier étoit,
Sur le chemin qui conduit à Florence ;
Homme sans bruit et qui ne se piquoit
De recevoir gens de grosse dépense :
Même chez lui rarement on gîtoit.
Sa femme étoit encor de bonne affaire
Et ne passoit de beaucoup les trente ans.
Quant au surplus, ils avoient deux enfans :
Garçon d'un an, fille en âge d'en faire.
Comme il arrive en allant et venant,
Pinucio, jeune homme de famille,
Jeta si bien les yeux sur cette fille,
Tant la trouva gracieuse et gentille,
D'esprit si doux et d'air tant attrayant,
Qu'il s'en piqua : très-bien le lui sçut dire ;
Muet n'étoit, elle sourde non plus ;
Dont il avint qu'il sauta par-dessus
Ces longs soupirs et tout ce vain martyre :
Se sentir pris, parler, être écouté,
Ce fut tout un, car la difficulté
Ne gissoit pas à plaire à cette belle :

Pinuce étoit gentilhomme bien-fait,
Et jusques-là la fille n'avoit fait
Grand cas des gens de même étoffe qu'elle.
Non qu'elle crût pouvoir changer d'état ;
Mais elle avoit, nonobstant son jeune âge,
Le cœur trop haut, le goût trop délicat,
Pour s'en tenir aux amours de village.
Colette donc (ainsi l'on l'appeloit),
En mariage à l'envi demandée,
Rejetoit l'un, de l'autre ne vouloit,
Et n'avoit rien que Pinuce en l'idée.
Longs pourparlers avecque son amant
N'étoient permis : tout leur faisoit obstacle.
Les rendez-vous et le soulagement
Ne se pouvoient, à moins que d'un miracle.
Cela ne fit qu'irriter leurs esprits.
Ne gênez point, je vous en donne avis,
Tant vos enfans, ô vous peres et meres,
Tant vos moitiés, vous époux et maris :
C'est où l'amour fait le mieux ses affaires.
Pinucio, certain soir qu'il faisoit
Un temps fort brun, s'en vient en compagnie
D'un sien ami dans cette hôtellerie
Demander gîte. On lui dit qu'il venoit
Un peu trop tard. Monsieur, ajouta l'hôte,

LE BERCEAU.

Vous sçavez bien comme on est à l'étroit;
Dans ce logis tout est plein jusqu'au toit.
Mieux vous vaudroit passer outre, sans faute :
Ce gîte n'est pour gens de votre état.
N'avez-vous point encor quelque grabat,
Reprit l'amant, quelque coin de réserve?
L'hôte repart : Il ne nous reste plus
Que notre chambre, où deux lits sont tendus;
Et de ces lits il n'en est qu'un qui serve
Aux survenans; l'autre, nous l'occupons.
Si vous voulez coucher de compagnie
Vous et monsieur, nous vous hébergerons.
Pinuce dit : Volontiers. Je vous prie
Que l'on nous serve à manger au plutôt.
Leur repas fait, on les conduit en haut.
Pinucio, sur l'avis de Colette,
Marque de l'œil comme la chambre est faite :
Chacun couché, pour la belle on mettoit
Un lit de camp; celui de l'hôte étoit
Contre le mur, attenant de la porte;
Et l'on avoit placé de même sorte,
Tout vis-à-vis, celui du survenant :
Entre les deux, un berceau pour l'enfant;
Et toutefois plus près du lit de l'hôte.
Cela fit faire une plaisante faute

A cet ami qu'avoit notre galant.
Sur le minuit, que l'hôte apparemment
Devoit dormir, l'hôtesse en faire autant,
Pinucio, qui n'attendoit que l'heure
Et qui contoit les momens de la nuit,
Son temps venu ne fait longue demeure ;
Au lit de camp s'en va droit et sans bruit.
Pas ne trouva la pucelle endormie ;
J'en jurerois. Colette apprit un jeu
Qui, comme on sçait, lasse plus qu'il n'ennuie.
Trève se fit, mais elle dura peu :
Larcins d'amour ne veulent longue pause.
Tout à merveille alloit au lit de camp,
Quand cet ami qu'avoit notre galant,
Pressé d'aller mettre ordre à quelque chose,
Qu'honnêtement exprimer je ne puis,
Voulut sortir, et ne put ouvrir l'huis
Sans enlever le berceau de sa place,
L'enfant avec, qu'il mit près de leur lit :
Le détourner auroit fait trop de bruit.
Lui revenu, près de l'enfant il passe,
Sans qu'il daignât le remettre en son lieu,
Puis se recouche, et quand il plut à Dieu
Se rendormit. Après un peu d'espace,
Dans le logis je ne sçais quoi tomba.

LE BERCEAU.

Le bruit fut grand ; l'hôtesse s'éveilla,
Puis alla voir ce que ce pouvoit être.
A son retour, le berceau la trompa.
Ne le trouvant joignant le lit du maître :
Saint Jean, dit-elle en soi-même aussi-tôt,
J'ai pensé faire une étrange bévue :
Près de ces gens, je me suis, peu s'en faut,
Remise au lit en chemise ainsi nue :
C'étoit pour faire un bon charivari.
Dieu soit loué que ce berceau me montre
Que c'est ici qu'est couché mon mari.
Disant ces mots, auprès de cet ami
Elle se met. Fol ne fut, n'étourdi
Le compagnon dedans un tel rencontre :
La mit en œuvre, et sans témoigner rien
Il fit l'époux ; mais il le fit trop bien.
Trop bien ! je faux, et c'est tout le contraire ;
Il le fit mal, car qui le veut bien faire
Doit en besogne aller plus doucement.
Aussi l'hôtesse eut quelque étonnement :
Qu'a mon mari, dit-elle, et quelle joie
Le fait agir en homme de vingt ans ?
Prenons ceci, puisque Dieu nous l'envoie :
Nous n'aurons pas toujours tel passe-tems.
Elle n'eut dit ces mots entre ses dents

Que le galant recommence la fête.
La dame étoit de bonne emplette encor :
J'en ai, je crois, dit un mot dans l'abord;
Chemin faisant, c'étoit fortune honnête.
Pendant cela, Colette appréhendant
D'être surprise avecque son amant,
Le renvoya le jour venant à poindre.
Pinucio, voulant aller rejoindre
Son compagnon, tomba tout de nouveau
Dans cette erreur que causoit le berceau;
Et pour son lit il prit le lit de l'hôte.
Il n'y fut pas, qu'en abaissant sa voix
(Gens trop heureux font toujours quelque faute) :
Ami, dit-il, pour beaucoup je voudrois
Te pouvoir dire à quel point va ma joie.
Je te plains fort que le ciel ne t'envoie
Tout maintenant même bonheur qu'à moi.
Ma foi, Colette est un morceau de roi.
Si tu sçavois ce que vaut cette fille !
J'en ai bien vu; mais de telle, entre nous,
Il n'en est point : c'est bien le cuir plus doux,
Le corps mieux fait, la taille plus gentille;
Et des tetons ! Je ne te dis pas tout.
Quoi qu'il en soit, avant que d'être au bout,
Gaillardement six postes se sont faites;

Six de bon compte, et ce ne sont sornettes.
D'un tel propos l'hôte tout étourdi,
D'un ton confus gronda quelques paroles.
L'hôtesse dit tout bas à cet ami,
Qu'elle prenoit toujours pour son mari :
Ne reçois plus chez toi ces têtes folles ;
N'entends-tu point comme ils sont en débat ?
En son séant l'hôte sur son grabat
S'étant levé, commence à faire éclat.
Comment ! dit-il d'un ton plein de colere,
Vous veniez donc ici pour cette affaire ?
Vous l'entendez ! et je vous sais bon gré
De vous moquer encor comme vous faites.
Prétendez-vous, beau monsieur que vous êtes,
En demeurer quitte à si bon marché ?
Quoi ! ne tient-il qu'à honnir des familles ?
Pour vos ébats nous nourrirons nos filles !
J'en suis d'avis. Sortez de ma maison :
Je jure Dieu que j'en aurai raison.
Et toi, coquine, il faut que je te tue.
A ce discours proféré brusquement,
Pinucio, plus froid qu'une statue,
Resta sans pouls, sans voix, sans mouvement.
Chacun se tut l'espace d'un moment.
Colette entra dans des peurs nompareilles.

L'hôtesse, ayant reconnu son erreur,
Tint quelque temps le loup par les oreilles.
Le seul ami se souvint par bonheur
De ce berceau principe de la chose.
Adressant donc à Pinuce sa voix :
T'en tiendras-tu, dit-il, une autre fois?
T'ai-je averti que le vin seroit cause
De ton malheur? Tu sçais que, quand tu bois,
Toute la nuit tu cours, tu te demenes,
Et vas contant mille chimeres vaines,
Que tu te mets dans l'esprit en dormant.
Reviens au lit. Pinuce au même instant
Fait le dormeur, poursuit le stratagême,
Que le mari prit pour argent comptant.
Il ne fut pas jusqu'à l'hôtesse même
Qui n'y voulût aussi contribuer.
Près de sa fille elle alla se placer ;
Et dans ce poste elle se sentit forte.
Par quel moyen, comment, de quelle sorte,
S'écria-t-elle, auroit-il pu coucher
Avec Colette, et la deshonorer?
Je n'ai bougé toute nuit d'auprès d'elle :
Elle n'a fait ni pis ni mieux que moi.
Pinucio nous l'alloit donner belle.
L'hôte reprit : C'est assez, je vous croi.

On se leva : ce ne fut pas sans rire;
Car chacun d'eux en avoit sa raison.
Tout fut secret; et quiconque eut du bon,
Par devers soi le garda sans rien dire.

L'ORAISON DE S. JULIEN

NOUVELLE TIRÉE DE BOCACE

BEAUCOUP de gens ont une ferme foi
Pour les brevets, oraisons et paroles.
Je me ris d'eux, et je tiens, quant à moi,
Que tous tels sorts sont recettes frivoles.
Frivoles sont ; c'est sans difficulté.
Bien est-il vrai qu'auprès d'une beauté
Paroles ont des vertus nompareilles ;
Paroles font en amour des merveilles :
Tout cœur se laisse à ce charme amollir.
De tels brevets je veux bien me servir ;
Des autres, non. Voici pourtant un conte
Où l'oraison de monsieur saint Julien
A Renaud d'Ast produisit un grand bien.
S'il ne l'eût dite, il eût trouvé mécompte
A son argent, et mal passé la nuit.
Il s'en alloit devers Château-Guillaume,
Quand trois quidams (bonnes gens et sans bruit,
Ce lui sembloit, tels qu'en tout un royaume
Il n'auroit cru trois aussi gens de bien),
Quand n'ayant, dis-je, aucun soupçon de rien,

Ces trois quidams tout pleins de courtoisie,
Après l'abord, et l'ayant salué
Fort humblement : Si notre compagnie,
Lui dirent-ils, vous pouvoit être à gré,
Et qu'il vous plût achever cette traite
Avecque nous, ce nous seroit honneur.
En voyageant, plus la troupe est complette,
Mieux elle vaut; c'est toujours le meilleur.
Tant de brigands infectent la province,
Que l'on ne sçait à quoi songe le prince
De les souffrir; mais quoi, les mal-vivans
Seront toujours. Renaud dit à ces gens
Que volontiers. Une lieue étant faite,
Eux discourant, pour tromper le chemin,
De chose et d'autre, ils tomberent enfin
Sur ce qu'on dit de la vertu secrette
De certains mots, caracteres, brevets,
Dont les aucuns ont de très-bons effets;
Comme de faire aux insectes la guerre,
Charmer les loups, conjurer le tonnerre,
Ainsi du reste; ou sans pact ni demi
(De quoi l'on soit pour le moins averti)
L'on se guérit; l'on guérit sa monture,
Soit du farcin, soit de la mémarchure;
L'on fait souvent ce qu'un bon médecin

Ne sçauroit faire avec tout son latin.
Ces survenans de mainte expérience
Se vantoient tous, et Renaud en silence
Les écoutoit. Mais vous, ce lui dit-on,
Sçavez-vous point aussi quelque oraison?
De tels secrets, dit-il, je ne me pique,
Comme homme simple et qui vit à l'antique.
Bien vous dirai qu'en allant par chemin
J'ai certains mots que je dis au matin,
Dessous le nom d'oraison ou d'antienne
De saint Julien, afin qu'il ne m'avienne
De mal gîter : et j'ai même éprouvé
Qu'en y manquant, cela m'est arrivé.
J'y manque peu : c'est un mal que j'évite
Par dessus tous, et que je crains autant.
Et ce matin, monsieur, l'avez-vous dite,
Lui repartit l'un des trois en riant?
Oui, dit Renaud. Or bien, répliqua l'autre,
Gageons un peu quel sera le meilleur,
Pour ce jourd'hui, de mon gîte ou du vôtre.
Il faisoit lors un froid plein de rigueur;
La nuit de plus étoit fort approchante,
Et la couchée encore assez distante.
Renaud reprit : Peut-être, ainsi que moi,
Vous servez-vous de ces mots en voyage.

Point, lui dit l'autre, et vous jure ma foi
Qu'invoquer saint n'est pas trop mon usage.
Mais si je perds, je le pratiquerai.
En ce cas là volontiers gagerai,
Reprit Renaud, et j'y mettrois ma vie;
Pourvu qu'alliez en quelque hôtellerie,
Car je n'ai là nulle maison d'ami.
Nous mettrons donc cette clause au pari,
Poursuivit-il, si l'avez agréable :
C'est la raison. L'autre lui répondit :
J'en suis d'accord; et gage votre habit,
Votre cheval, la bourse au préalable,
Sûr de gagner, comme vous allez voir.
Renaud dès-lors put bien s'appercevoir
Que son cheval avoit changé d'étable.
Mais quel remede ? En côtoyant un bois,
Le parieur ayant changé de voix :
Ça, descendez, dit-il, mon gentilhomme.
Votre oraison vous fera bon besoin :
Château-Guillaume est encore un peu loin.
Fallut descendre. Ils lui prirent en somme
Chapeau, casaque, habit, bourse et cheval;
Bottes aussi. Vous n'aurez tant de mal
D'aller à pied, lui dirent les perfides.
Puis de chemin (sans qu'ils prissent de guides)

Changeant tous trois, ils furent aussi tôt
Perdus de vue; et le pauvre Renaud,
En caleçons, en chausses, en chemise,
Mouillé, fangeux, ayant au nez la bise,
Va tout dolent, et craint avec raison
Qu'il n'ait ce coup, malgré son oraison,
Très-mauvais gîte, hormis qu'en sa valise
Il espéroit; car il est à noter
Qu'un sien valet, contraint de s'arrêter,
Pour faire mettre un fer à sa monture,
Devoit le joindre. Or il ne le fit pas;
Et ce fut là le pis de l'aventure.
Le drôle ayant vu de loin tout le cas,
(Comme valets souvent ne valent gueres!)
Prend à côté, pourvoit à ses affaires,
Laisse son maître, à travers champs s'enfuit,
Donne des deux, gagne devant la nuit
Château-Guillaume, et dans l'hôtellerie
La plus fameuse, enfin la mieux fournie,
Attend Renaud près d'un foyer ardent,
Et fait tirer du meilleur. Cependant
Son maître étoit jusqu'au cou dans les boues;
Pour en sortir avoit fort à tirer.
Il acheva de se désespérer,
Lorsque la neige, en lui donnant aux joues,

Vint à flocons, et le vent qui fouettoit;
Au prix du mal que le pauvre homme avoit,
Gens que l'on pend sont sur des lits de roses.
Le sort se plait à dispenser les choses
De la façon : c'est tout mal ou tout bien.
Dans ses faveurs il n'a point de mesures;
Dans son courroux de même il n'omet rien
Pour nous mater : témoin les aventures
Qu'eut cette nuit Renaud, qui n'arriva
Qu'une heure après qu'on eut fermé la porte.
Du pied du mur enfin il s'approcha;
Dire comment, je n'en sçais pas la sorte.
Son bon destin, par un très-grand hasard,
Lui fit trouver une petite avance
Qu'avoit un toit; et ce toit faisoit part
D'une maison voisine du rempart.
Renaud, ravi de ce peu d'allégeance,
Se met dessous. Un bonheur, comme on dit,
Ne vient point seul. Quatre ou cinq brins de paille
Se rencontrant, Renaud les étendit.
Dieu soit loué, dit-il, voilà mon lit.
Pendant cela le mauvais temps l'assaille
De toutes parts : il n'en peut presque plus.
Transi de froid, immobile et perclus,
Au désespoir bientôt il s'abandonne,

Claque des dents, se plaint, tremble et frissonne,
Si hautement que quelqu'un l'entendit.
Ce quelqu'un-là, c'étoit une servante ;
Et sa maitresse une veuve galante,
Qui demeuroit au logis que j'ai dit ;
Pleine d'appas, jeune et de bonne grace.
Certain marquis, gouverneur de la place,
L'entretenoit : et de peur d'être vu,
Troublé, distrait, enfin interrompu
Dans son commerce au logis de la dame,
Il se rendoit souvent chez cette femme,
Par une porte aboutissante aux champs ;
Alloit, venoit, sans que ceux de la ville
En sçussent rien, non pas même ses gens.
Je m'en étonne ; et tout plaisir tranquille
N'est d'ordinaire un plaisir de marquis :
Plus il est sçu, plus il leur semble exquis.
Or il avint que la même soirée
Où notre Job, sur la paille étendu,
Tenoit déja sa fin toute assurée,
Monsieur étoit de madame attendu ;
Le soupé prêt, la chambre bien parée :
Bons restaurans, champignons et ragoûts,
Bains et parfums, matelats blancs et mous,
Vin du coucher ; toute l'artillerie

De Cupidon, non pas le langoureux,
Mais celui-là qui n'a fait en sa vie
Que de bons tours, le patron des heureux,
Des jouissans. Étant donc la donzelle
Prête à bien faire, avint que le marquis
Ne put venir : elle en reçut l'avis
Par un sien page, et de cela la belle
Se consola : tel étoit leur marché.
Renaud y gagne : il ne fut écouté
Plus d'un moment, que pleine de bonté
Cette servante, et confite en tendresse,
Par aventure autant que sa maitresse,
Dit à la veuve : Un pauvre souffreteux
Se plaint là-bas ; le froid est rigoureux ;
Il peut mourir : vous plait-il pas, madame,
Qu'en quelque coin l'on le mette à couvert ?
Oui, je le veux, répondit cette femme.
Ce galetas qui de rien ne nous sert
Lui viendra bien : dessus quelque couchette
Vous lui mettrez un peu de paille nette ;
Et là dedans il faudra l'enfermer :
De nos reliefs vous le ferez souper
Auparavant ; puis l'enverrez coucher.
Sans cet arrêt, c'étoit fait de la vie
Du bon Renaud. On ouvre, il remercie ;

Dit qu'on l'avoit retiré du tombeau,
Conte son cas, reprend force et courage.
Il étoit grand, bien fait, beau personnage,
Ne sembloit même homme en amour nouveau,
Quoiqu'il fût jeune. Au reste il avoit honte
De sa misere et de sa nudité :
L'Amour est nud, mais il n'est pas croté.
Renaud dedans, la chambriere monte,
Et va conter le tout de point en point.
La dame dit : Regardez si j'ai point
Quelque habit d'homme encor dans mon armoire;
Car feu monsieur en doit avoir laissé.
Vous en avez, j'en ai bonne mémoire,
Dit la servante. Elle eut bientôt trouvé
Le vrai balot. Pour plus d'honnêteté,
La dame ayant appris la qualité
De Renaud d'Ast (car il s'étoit nommé),
Dit qu'on le mit au bain chauffé pour elle.
Cela fut fait : il ne se fit prier.
On le parfume avant que l'habiller.
Il monte en haut, et fait à la donzelle
Son compliment, comme homme bien appris.
On sert enfin le soupé du marquis.
Renaud mangea tout ainsi qu'un autre homme;
Même un peu mieux, la chronique le dit :

On peut à moins gagner de l'appétit.
Quant à la veuve, elle ne fit en somme
Que regarder, témoignant son desir :
Soit que déja l'attente du plaisir,
L'eût disposée, ou soit par sympathie,
Ou que la mine, ou bien le procédé
De Renaud d'Ast eussent son cœur touché.
De tous côtés se trouvant assaillie,
Elle se rend aux semonces d'Amour.
Quand je ferai, disoit-elle, ce tour,
Qui l'ira dire? il n'y va rien du nôtre.
Si le marquis est quelque peu trompé,
Il le mérite, et doit l'avoir gagné,
Ou gagnera; car c'est un bon apôtre.
Homme pour homme, et péché pour péché,
Autant me vaut celui-ci que cet autre.
Renaud n'étoit si neuf qu'il ne vît bien
Que l'oraison de monsieur saint Julien
Feroit effet, et qu'il auroit bon gîte.
Lui hors de table, on dessert au plus vîte.
Les voilà seuls; et pour le faire court,
En beau début. La dame s'étoit mise
En un habit à donner de l'amour.
La négligence à mon gré si requise,
Pour cette fois fut sa dame d'atour.

Point de clinquant, jupe simple et modeste,
Ajustement moins superbe que leste;
Un mouchoir noir de deux grands doigts trop court;
Sous ce mouchoir ne sçais quoi fait au tour :
Par-là Renaud s'imagina le reste.
Mot n'en dirai; mais je n'omettrai point
Qu'elle étoit jeune, agréable et touchante,
Blanche sur-tout, et de taille avenante;
Trop ni trop peu de chair et d'embonpoint.
A cet objet qui n'eût eu l'ame émue !
Qui n'eût aimé ! qui n'eût eu des desirs !
Un philosophe, un marbre, une statue
Auroit senti comme nous ces plaisirs.
Elle commence à parler la premiere,
Et fait si bien que Renaud s'enhardit.
Il ne sçavoit comme entrer en matiere;
Mais pour l'aider la marchande lui dit :
Vous rappelez en moi la souvenance
D'un qui s'est vu mon unique souci :
Plus je vous vois, plus je crois voir aussi
L'air et le port, les yeux, la remembrance
De mon époux; que Dieu lui fasse paix !
Voilà sa bouche, et voilà tous ses traits.
Renaud reprit : Ce m'est beaucoup de gloire;
Mais vous, madame, à qui ressemblez-vous?

A nul objet; et je n'ai point mémoire
D'en avoir vu qui m'ait semblé si doux :
Nulle beauté n'approche de la vôtre.
Or me voici d'un mal chu dans un autre :
Je transissois, je brûle maintenant.
Lequel vaut mieux? La belle l'arrêtant,
S'humilia pour être contredite.
C'est une adresse à mon sens non petite.
Renaud poursuit : louant par le menu
Tout ce qu'il voit, tout ce qu'il n'a point vu,
Et qu'il verroit volontiers, si la belle
Plus que de droit ne se montroit cruelle.
Pour vous louer comme vous méritez,
Ajouta-t-il, et marquer les beautés
Dont j'ai la vue avec le cœur frappée
(Car près de vous l'un et l'autre s'ensuit),
Il faut un siecle, et je n'ai qu'une nuit,
Qui pourroit être encor mieux occupée.
Elle sourit; il n'en fallut pas plus;
Renaud laissa les discours superflus :
Le tems est cher en amour comme en guerre.
Homme mortel ne s'est vu sur la terre
De plus heureux, car nul point n'y manquoit.
On résista tout autant qu'il falloit,
Ni plus ni moins, ainsi que chaque belle

Sçait pratiquer, pucelle ou non pucelle.
Au demeurant, je n'ai pas entrepris
De raconter tout ce qu'il obtint d'elle :
Menu détail, baisers donnés et pris,
La petite oie; enfin ce qu'on appelle
En bon françois les préludes d'amour,
Car l'un et l'autre y sçavoit plus d'un tour.
Au souvenir de l'état misérable
Où s'étoit vu le pauvre voyageur,
On lui faisoit toujours quelque faveur :
Voilà, disoit la veuve charitable,
Pour le chemin, voici pour les brigands,
Puis pour la peur, puis pour le mauvais temps;
Tant que le tout piece à piece s'efface.
Qui ne voudroit se racquiter ainsi?
Conclusion, que Renaud sur la place
Obtint le don d'amoureuse merci.
Les doux propos recommencent ensuite,
Puis les baisers, et puis la noix confite.
On se coucha. La dame ne voulant
Qu'il s'allât mettre au lit de sa servante,
Le mit au sien : ce fut fait prudemment,
En femme sage, en personne galante.
Je n'ai pas sçu ce qu'étant dans le lit
Ils avoient fait; mais comme avec l'habit

On met à part certain reste de honte,
Apparemment le meilleur de ce conte
Entre deux draps pour Renaud se passa.
Là plus à plein il se récompensa
Du mal souffert, de la peine arrivée :
De quoi s'étant la veuve bien trouvée,
Il fut prié de la venir revoir,
Mais en secret ; car il falloit pourvoir
Au gouverneur. La belle, non contente
De ces faveurs, étala son argent.
Renaud n'en prit qu'une somme bastante
Pour regagner son logis promptement.
Il s'en va droit à cette hôtellerie,
Où son valet était encore au lit :
Renaud le rosse, et puis change d'habit,
Ayant trouvé sa valise garnie.
Pour le combler, son bon destin voulut
Qu'on attrapât les quidams ce jour même.
Incontinent chez le juge il courut ;
Il faut user de diligence extrême
En pareil cas, car le greffe tient bon,
Quand une fois il est saisi des choses :
C'est proprement la caverne au lion ;
Rien n'en revient : là les mains ne sont closes
Pour recevoir, mais pour rendre trop bien :

Fin celui-là qui n'y laisse du sien.
Le procès fait, une belle potence
A trois côtés fut mise en plein marché :
L'un des quidams harangua l'assistance
Au nom de tous, et le trio branché
Mourut contrit et fort bien confessé.
Après cela, doutez de la puissance
Des oraisons. Ces gens gais et joyeux
Sont sur le point de partir leur chevance,
Lorsqu'on les vient prier d'une autre danse.
En contr'échange, un pauvre malheureux
S'en va périr, selon toute apparence,
Quand sous la main lui tombe une beauté
Dont un prélat se seroit contenté.
Il recouvra son argent, son bagage,
Et son cheval, et tout son équipage;
Et, grâce à Dieu et monsieur saint Julien,
Eut une nuit qui ne lui coûta rien.

LE VILLAGEOIS QUI CHERCHE SON VEAU

CONTE

TIRÉ DES CENT NOUVELLES NOUVELLES.

N villageois, ayant perdu son veau,
L'alla chercher dans la forêt prochaine.
Il se plaça dans l'arbre le plus beau
Pour mieux entendre et pour voir dans la plaine.
Vient une dame avec un jouvenceau.
Le lieu leur plaît, l'eau leur vient à la bouche,
Et le galant, qui sur l'herbe la couche,
Crie en voyant je ne sçais quels appas :
O dieux! que vois-je, et que ne vois-je pas!
Sans dire quoi; car c'étoient lettres closes.
Lors le manant les arrêtant tout coi :
Homme de bien, qui voyez tant de choses,
Voyez-vous point mon veau? dites-le-moi.

L'ANNEAU D'HANS CARVEL

CONTE TIRÉ DE RABELAIS

ANS Carvel prit sur ses vieux ans
Femme jeune en toute maniere;
Il prit aussi soucis cuisans,
Car l'un sans l'autre ne va guere.
Babeau (c'est la jeune femelle,
Fille du bailli Concordat)
Fut du bon poil, ardente et belle,
Et propre à l'amoureux combat.
Carvel, craignant de sa nature
Le cocuage et les railleurs,
Alléguoit à la créature
Et la légende, et l'Écriture,
Et tous les livres les meilleurs;
Blâmoit les visites secrettes,
Frondoit l'attirail des coquettes;
Et contre un monde de recettes,
Et de moyens de plaire aux yeux,
Invectivoit tout de son mieux.
A tous ces discours la galante
Ne s'arrêtoit aucunement;
Et de sermons n'étoit friande,
A moins qu'ils fussent d'un amant.
Cela faisoit que le bon sire

Ne sçavoit tantôt plus qu'y dire;
Eût voulu souvent être mort.
Il eut pourtant dans son martyre
Quelques momens de reconfort :
L'histoire en est très-véritable.
Une nuit, qu'ayant tenu table
Et bu force bon vin nouveau,
Carvel ronfloit près de Babeau,
Il lui fut avis que le diable
Lui mettoit au doigt un anneau.
Qu'il lui disoit : Je sçais la peine
Qui te tourmente et qui te gêne;
Carvel, j'ai pitié de ton cas.
Tiens cette bague, et ne la lâches,
Car, tandis qu'au doigt tu l'auras,
Ce que tu crains point ne seras,
Point ne seras, sans que le sçaches.
Trop ne puis vous remercier,
Dit Carvel; la faveur est grande.
Monsieur Satan, Dieu vous le rende;
Grand merci, monsieur l'aumônier.
Là-dessus achevant son somme,
Et les yeux encore aggravés,
Il se trouva que le bon homme
Avoit le doigt où vous sçavez.

L'HERMITE

NOUVELLE TIRÉE DE BOCACE.

Ame Vénus et dame Hypocrisie
Font quelquefois ensemble de bons coups ;
Tout homme est homme, et les moines sur tous :
Ce que j'en dis, ce n'est point par envie.
Avez-vous sœur, fille, ou femme jolie,
Gardez le froc : c'est un maître Gonin ;
Vous en tenez, s'il tombe sous sa main
Belle qui soit quelque peu simple et neuve.
Pour vous montrer que je ne parle en vain,
Lisez ceci ; je ne veux autre preuve.
Un jeune hermite étoit tenu pour saint :
On lui gardoit place dans la légende.
L'homme de Dieu d'une corde étoit ceint,
Pleine de nœuds ; mais sous sa houpelande
Logeoit le cœur d'un dangereux paillard.
Un chapelet pendoit à sa ceinture,
Long d'une brasse, et gros outre mesure ;
Une clochette étoit de l'autre part.
Au demeurant, il faisoit le cafard,
Se renfermoit, voyant une femelle,
Dedans sa coque, et baissoit la prunelle :
Vous n'auriez dit qu'il eût mangé le lard.

Un bourg étoit dedans son voisinage,
Et dans ce bourg une veuve fort sage,
Qui demeuroit tout à l'extrémité.
Elle n'avoit pour tout bien qu'une fille,
Jeune, ingénue, agréable et gentille;
Pucelle encor, mais, à la vérité,
Moins par vertu que par simplicité;
Peu d'entregent, beaucoup d'honnêteté,
D'autre dot point, d'amans pas davantage.
Du temps d'Adam, qu'on naissoit tout vêtu,
Je pense bien que la belle en eût eu,
Car avec rien on montoit un ménage.
Il ne falloit matelas ni linceul;
Même le lit n'étoit pas nécessaire.
Ce temps n'est plus : Hymen, qui marchoit seul,
Mene à present à sa suite un notaire.
L'anachorette, en quêtant par le bourg,
Vit cette fille, et dit sous son capuce :
Voici de quoi; si tu sçais quelque tour,
Il te le faut employer, frere Luce.
Pas n'y manqua; voici comme il s'y prit.
Elle logeoit, comme j'ai déja dit,
Tout près des champs, dans une maisonnette,
Dont la cloison, par notre anachorette,
Étant percée aisément et sans bruit,

L'HERMITE.

Le compagnon, par une belle nuit,
Belle, non pas : le vent et la tempête
Favorisoient le dessein du galant;
Une nuit donc, dans le pertuis mettant
Un long cornet, tout du haut de sa tête,
Il leur cria : Femmes, écoutez-moi.
A cette voix, toutes pleines d'effroi,
Se blotissant, l'une et l'autre est en transe.
Il continue, et corne à toute outrance :
Réveillez-vous, créatures de Dieu,
Toi, femme veuve, et toi, fille pucelle :
Allez trouver mon serviteur fidele
L'hermite Luce, et partez de ce lieu
Demain matin, sans le dire à personne;
Car c'est ainsi que le ciel vous l'ordonne.
Ne craignez point, je conduirai vos pas;
Luce est benin. Toi, veuve, tu feras
Que de ta fille il ait la compagnie;
Car d'eux doit naître un pape, dont la vie
Réformera tout le peuple chrétien.
La chose fut tellement prononcée,
Que dans le lit l'une et l'autre enfoncée
Ne laissa pas de l'entendre fort bien.
La peur les tint un quart-d'heure en silence.
La fille enfin met le nez hors des draps,

Et puis, tirant sa mere par le bras,
Lui dit d'un ton tout rempli d'innocence :
Mon Dieu, maman, y faudra-t-il aller?
Ma compagnie! hélas! qu'en veut-il faire?
Je ne sçais pas comment il faut parler;
Ma cousine Anne est bien mieux son affaire,
Et retiendroit bien mieux tous ses sermons.
Sotte, tais-toi, lui repartit la mere,
C'est bien cela; va, va, pour ces leçons
Il n'est besoin de tout l'esprit du monde :
Dès la premiere, ou bien dès la seconde,
Ta cousine Anne en sçaura moins que toi.
Oui! dit la fille; hé! mon dieu, menez-moi.
Partons bientôt; nous reviendrons au gîte.
Tout doux, reprit la mere en souriant,
Il ne faut pas que nous allions si vite;
Car que sçait-on? le diable est bien méchant,
Et bien trompeur. Si c'étoit lui, ma fille,
Qui fût venu pour nous tendre des lacs?
As-tu pris garde? il parloit d'un ton cas
Comme je crois que parle la famille
De Lucifer. Le fait mérite bien
Que sans courir, ni précipiter rien,
Nous nous gardions de nous laisser surprendre.
Si la frayeur t'avoit fait mal entendre :

L'HERMITE.

Pour moi, j'avois l'esprit tout éperdu.
Non, non, maman, j'ai fort bien entendu,
Dit la fillette. Or bien, reprit la mere,
Puisqu'ainsi va, mettons-nous en priere.
Le lendemain, tout le jour se passa
A raisonner, et par ci, et par là,
Sur cette voix et sur cette rencontre.
La nuit venue, arrive le corneur.
Il leur cria d'un ton à faire peur :
Femme incrédule et qui vas à l'encontre
Des volontés de Dieu ton créateur,
Ne tarde plus : va-t-en trouver l'hermite,
Ou tu mourras. La fillette reprit :
Hé bien ! maman, l'avois-je pas bien dit ?
Mon Dieu ! partons ; allons rendre visite
A l'homme saint : je crains tant votre mort,
Que j'y courrois, et tout de mon plus fort,
S'il le falloit. Allons donc, dit la mere.
La belle mit son corset des bons jours,
Son demi-ceint, ses pendans de velours,
Sans se douter de ce qu'elle alloit faire :
Jeune fillette a toujours soin de plaire.
Notre cagot s'étoit mis aux aguets,
Et par un trou qu'il avait fait exprès
A sa cellule, il vouloit que ces femmes

Le pussent voir, comme un brave soldat,
Le fouet en main, toujours en un état
De pénitence, et de tirer des flammes
Quelque défunt puni pour ses méfaits;
Faisant si bien, en frappant tout auprès,
Qu'on crût ouïr cinquante disciplines.
Il n'ouvrit pas à nos deux pélerines
Du premier coup; et pendant un moment
Chacune peut l'entrevoir s'escrimant
Du saint outil. Enfin la porte s'ouvre;
Mais ce ne fut d'un bon *Miserere*.
Le papelard contrefait l'étonné.
Tout en tremblant la veuve lui découvre,
Non sans rougir, le cas comme il étoit.
A six pas d'eux, la fillette attendoit
Le résultat, qui fut que notre hermite
Les renvoyā, fit le bon hypocrite.
Je crains, dit-il, les ruses du malin :
Dispensez-moi : le sexe féminin
Ne doit avoir en ma cellule entrée;
Jamais de moi saint Pere ne naîtra.
La veuve dit, toute déconfortée :
Jamais de vous? et pourquoi ne fera?
Elle ne put en tirer autre chose.
En s'en allant, la fillette disoit :

L'HERMITE.

Hélas! maman, nos péchés en sont cause.
La nuit revient; et l'une et l'autre étoit
Au premier somme, alors que l'hypocrite
Et son cornet font bruire la maison.
Il leur cria, toujours du même ton :
Retournez voir Luce le saint hermite.
Je l'ai changé; retournez dès demain.
Les voilà donc derechef en chemin.
Pour ne tirer plus en long cette histoire,
Il les reçut. La mere s'en alla,
Seule s'entend; la fille demeura;
Tout doucement il vous l'apprivoisa;
Lui prit d'abord son joli bras d'ivoire,
Puis s'approcha, puis en vint au baiser,
Puis aux beautés que l'on cache à la vue,
Puis le galant vous la mit toute nue,
Comme s'il eût voulu la baptiser.
O papelards! qu'on se trompe à vos mines!
Tant lui donna du retour de matines,
Que maux de cœur vinrent premierement,
Et maux de cœur chassés, Dieu sçait comment.
En fin finale, une certaine enflure
La contraignit d'allonger sa ceinture,
Mais en cachette, et sans en avertir
Le forge-pape, encore moins la mere.

Elle craignoit qu'on ne la fît partir :
Le jeu d'amour commençoit à lui plaire.
Vous me direz : D'où lui vint tant d'esprit ?
D'où ? de ce jeu : c'est l'arbre de science.
Sept mois entiers la galante attendit ;
Elle allégua son peu d'expérience.
Dès que la mere eut indice certain
De sa grossesse, elle lui fit soudain
Trousser bagage, et remercia l'hôte.
Lui de sa part rendit grâce au Seigneur,
Qui soulageoit son pauvre serviteur.
Puis au départ, il leur dit que sans faute,
Moyennant Dieu, l'enfant viendroit à bien.
Gardez pourtant, dame, de faire rien
Qui puisse nuire à votre géniture.
Ayez grand soin de cette créature ;
Car tout bonheur vous en arrivera.
Vous regnerez, serez la signora,
Ferez monter aux grandeurs tous les vôtres :
Princes, les uns ; et grands seigneurs, les autres ;
Vos cousins, ducs ; cardinaux, vos neveux ;
Places, châteaux, tant pour vous que pour eux,
Ne manqueront en aucune maniere,
Non plus que l'eau qui coule en la riviere.
Leur ayant fait cette prédiction.

Il leur donna sa bénédiction.
La signora, de retour chez sa mere,
S'entretenoit jour et nuit du saint Pere,
Préparoit tout; lui faisoit des béguins;
Au demeurant, prenoit tous les matins
La couple d'œufs, attendoit en liesse
Ce qui viendroit d'une telle grossesse.
Mais ce qui vint détruisit les châteaux,
Fit avorter les mitres, les chapeaux,
Et les grandeurs de toute la famille :
La signora mit au monde une fille.

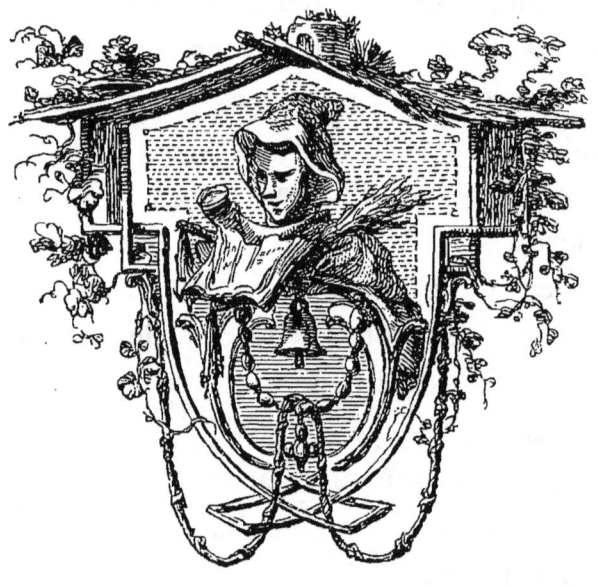

MAZET DE LAMPORECHIO

NOUVELLE TIRÉE DE BOCACE

LE voile n'est le rempart le plus sûr
Contre l'amour, ni le moins accessible.
Un bon mari, mieux que grille ni mur,
Y pourvoira, si pourvoir est possible.
C'est, à mon sens, une erreur trop visible
A des parens, pour ne dire autrement,
De présumer, après qu'une personne,
Bon gré, mal gré, s'est mise en un couvent,
Que Dieu prendra ce qu'ainsi l'on lui donne :
Abus, abus. Je tiens que le malin
N'a revenu plus clair et plus certain
(Sauf toutefois l'assistance divine).
Encore un coup, ne faut qu'on s'imagine
Que d'être pure et nette de péché
Soit privilége à la guimpe attaché :
Nenni-da, non. Je prétens qu'au contraire
Filles du monde ont toujours plus de peur
Que l'on ne donne atteinte à leur honneur.
La raison est qu'elles en ont affaire;
Moins d'ennemis attaquent leur pudeur;
Les autres n'ont pour un seul adversaire :
Tentation, fille d'oisiveté,

Ne manque pas d'agir de son côté;
Puis le désir, enfant de la contrainte.
Ma fille est nonne : *ergo,* c'est une sainte.
Mal raisonné : des quatre parts les trois
En ont regret et se mordent les doigts,
Font souvent pis, au moins l'ai-je ouï dire,
Car pour ce point je parle sans sçavoir.
Bocace en fait certain conte pour rire,
Que j'ai rimé, comme vous allez voir.
Un bon vieillard, en un couvent de filles
Autrefois fut, labouroit le jardin.
Elles étoient toutes assez gentilles,
Et volontiers jasoient dès le matin.
Tant ne songeoient au service divin
Qu'à soi montrer ès parloirs aguimpées
Bien blanchement, comme droites poupées,
Prête chacune à tenir coup aux gens;
Et n'étoit bruit qu'il se trouvât léans
Fille qui n'eût de quoi rendre le change,
Se renvoyant l'une à l'autre l'éteuf.
Huit sœurs étoient, et l'abbesse sont neuf,
Si mal d'accord que c'étoit chose étrange.
De la beauté, la plûpart en avoient;
De la jeunesse, elles en avoient toutes.
Et cettui lieu beaux peres fréquentoient,

Comme on peut croire, et tant bien supputoient
Qu'ils ne manquoient à tomber sur leurs routes.
Le bon vieillard jardinier dessus dit,
Près de ces sœurs perdoit presque l'esprit :
A leur caprice il ne pouvoit suffire.
Toutes vouloient au vieillard commander;
Dont, ne pouvant entre elles s'accorder,
Il souffroit plus que l'on ne sçauroit dire.
Force lui fut de quitter la maison.
Il en sortit de la même façon
Qu'étoit entré là dedans le pauvre homme,
Sans croix ne pile, et n'ayant rien en somme
Qu'un vieil habit. Certain jeune garçon
De Lamporech, si j'ai bonne mémoire,
Dit au vieillard, un beau jour, après boire,
Et raisonnant sur le fait des nonains,
Qu'il passeroit bien volontiers sa vie
Près de ces sœurs, et qu'il avoit envie
De leur offrir son travail et ses mains
Sans demander récompenses ni gages.
Le compagnon ne visoit à l'argent :
Trop bien croyoit, ces sœurs étant peu sages,
Qu'il en pourroit croquer une en passant,
Et puis une autre, et puis toute la troupe.
Nuto lui dit (c'est le nom du vieillard) :

Crois-moi, Mazet, mets-toi quelque autre part.
J'aimerois mieux être sans pain ni soupe
Que d'employer en ce lieu mon travail.
Les nonnes sont un étrange bétail :
Qui n'a tâté de cette marchandise
Ne sçait encor ce que c'est que tourment.
Je te le dis, laisse là ce couvent ;
Car d'espérer les servir à leur guise,
C'est un abus : l'une voudra du mou,
L'autre du dur. Parquoi je te tiens fou,
D'autant plus fou que ces filles sont sottes.
Tu n'auras pas œuvre faite, entre nous :
L'une voudra que tu plantes des choux,
L'autre voudra que ce soit des carottes.
Mazet reprit : Ce n'est pas là le point.
Vois-tu, Nuto, je ne suis qu'une bête ;
Mais dans ce lieu tu ne me verras point
Un mois entier sans qu'on m'y fasse fête.
La raison est que je n'ai que vingt ans,
Et comme toi je n'ai pas fait mon temps.
Je leur suis propre, et ne demande en somme
Que d'être admis. Dit alors le bon-homme :
Au fac-toton tu n'as qu'à t'adresser ;
Allons-nous-en de ce pas lui parler.
Allons, dit l'autre. Il me vient une chose

Dedans l'esprit : je ferai le muet
Et l'idiot. Je pense qu'en effet,
Reprit Nuto, cela peut être cause
Que le pater avec le fac-toton,
N'auront de toi ni crainte ni soupçon.
La chose alla comme ils l'avoient prévue.
Voilà Mazet à qui pour bien-venue
L'on fait bêcher la moitié du jardin.
Il contrefait le sot et le badin,
Et cependant laboure comme un sire.
Autour de lui les nonnes alloient rire.
Un certain jour, le compagnon dormant,
Ou bien feignant de dormir, il n'importe
(Bocace dit qu'il en faisoit semblant),
Deux des nonains le voyant de la sorte
Seul au jardin ; car sur le haut du jour
Nulle des sœurs ne faisoit long séjour
Hors le logis, le tout crainte du hâle.
De ces deux donc, l'une, approchant Mazet,
Dit à sa sœur : Dedans ce cabinet
Menons ce sot. Mazet étoit beau mâle,
Et la galante à le considérer
Avoit pris goût ; pourquoi, sans différer,
Amour lui fit proposer cette affaire.
L'autre reprit : Là dedans ? et quoi faire ?

Quoi? dit la sœur, je ne sçais; l'on verra
Ce que l'on fait alors qu'on en est là :
Ne dit-on pas qu'il se fait quelque chose?
Jésus! reprit l'autre sœur se signant,
Que dis-tu là? Notre regle défend
De tels pensers. S'il nous fait un enfant?
Si l'on nous voit? Tu t'en vas être cause
De quelque mal. On ne nous verra point,
Dit la premiere; et quant à l'autre point,
C'est s'alarmer avant que le coup vienne.
Usons du temps, sans nous tant mettre en peine,
Et sans prévoir les choses de si loin.
Nul n'est ici; nous avons tout à point,
L'heure, et le lieu, si touffu que la vue
N'y peut passer. Et puis, sur l'avenue,
Je suis d'avis qu'une fasse le guet,
Tandis que l'autre, étant avec Mazet,
A son bel aise aura lieu de s'instruire.
Il est muet et n'en pourra rien dire.
Soit fait, dit l'autre : il faut à ton desir
Acquiescer, et te faire plaisir.
Je passerai, si tu veux, la premiere,
Pour t'obliger. Au moins à ton loisir
Tu t'ébattras puis après, de maniere
Qu'il ne sera besoin d'y retourner :

Ce que j'en dis n'est que pour t'obliger.
Je le vois bien, dit l'autre, plus sincere,
Tu ne voudrois sans cela commencer,
Assurément, et tu serois honteuse.
Tant y resta cette sœur scrupuleuse
Qu'à la fin l'autre, allant la dégager,
De faction la fut faire changer.
Notre muet fait nouvelle partie :
Il s'en tira non si gaillardement.
Cette sœur fut beaucoup plus mal lotie ;
Le pauvre gars acheva simplement
Trois fois le jeu ; puis après il fit chasse.
Les deux nonains n'oublierent la trace
Du cabinet, non plus que du jardin :
Il ne falloit leur montrer le chemin.
Mazet pourtant se ménagea de sorte
Qu'à sœur Agnès, quelques jours en suivant,
Il fit apprendre une semblable note,
En un pressoir, tout au bout du couvent.
Sœur Angélique et sœur Claude suivirent,
L'une au dortoir, l'autre dans un cellier ;
Tant qu'à la fin la cave et le grenier
Du fait des sœurs maintes choses apprirent.
Point n'en resta que le sire Mazet
Ne régalât au moins mal qu'il pouvoit.

L'abbesse aussi voulut entrer en danse :
Elle eut son droit, double et triple pitance;
De quoi les sœurs jeûnerent très-long-temps.
Mazet n'avoit faute de restaurans ;
Mais restaurans ne sont pas grande affaire
A tant d'emploi. Tant presserent le here,
Qu'avec l'abbesse un jour venant au choc :
J'ai toujours ouï, ce dit-il, qu'un bon coq
N'en a que sept; au moins, qu'on ne me laisse
Toutes les neuf. Miracle! dit l'abbesse;
Venez, mes sœurs : nos jeûnes ont tant fait
Que Mazet parle. Alentour du muet,
Non plus muet, toutes huit accoururent,
Tinrent chapitre, et sur l'heure conclurent
Qu'à l'avenir Mazet seroit choyé
Pour le plus sûr : car qu'il fût renvoyé,
Cela rendroit la chose manifeste.
Le compagnon, bien nourri, bien payé,
Fit ce qu'il put; d'autres firent le reste.
Il les engea de petits Mazillons,
Desquels on fit de petits moinillons :
Ces moinillons devinrent bien-tôt peres,
Comme les sœurs devinrent bien-tôt meres,
A leur regret, pleines d'humilité ;
Mais jamais nom ne fut mieux mérité.

LA MANDRAGORE

NOUVELLE TIRÉE DE MACHIAVEL

Au présent conte on verra la sottise
D'un Florentin. Il avoit femme prise
Honnête et sage autant qu'il est besoin,
Jeune pourtant, du reste toute belle;
Et n'eût-on cru de jouissance telle
Dans le pays, ni même encor plus loin.
Chacun l'aimoit, chacun la jugeoit digne
D'un autre époux : car quant à celui-ci,
Qu'on appelloit Nicia Calfucci,
Ce fut un sot en son temps très-insigne.
Bien le montra lorsque, bon gré, mal gré,
Il résolut d'être pere appelé;
Crut qu'il feroit beaucoup pour sa patrie
S'il la pouvoit orner de Calfuccis.
Sainte ni saint n'étoit en paradis
Qui de ses vœux n'eût la tête étourdie;
Tous ne sçavoient où mettre ses présens.
Il consultoit matrones, charlatans,
Diseurs de mots, experts sur cette affaire :
Le tout en vain; car il ne put tant faire
Que d'être pere. Il étoit buté là,
Quand un jeune homme, après avoir en France

Étudié, s'en revint à Florence
Aussi leurré qu'aucun de par-delà.
Propre, galant, cherchant par-tout fortune,
Bien-fait de corps, bien voulu de chacune.
Il sçut dans peu la carte du pays;
Connut les bons et les méchans maris,
Et de quel bois se chauffoient leurs femelles;
Quels surveillans ils avoient mis près d'elles;
Les si, les car, enfin tous les détours;
Comment gagner les confidens d'amours,
Et la nourrice, et le confesseur même,
Jusques au chien. Tout y fait quand on aime,
Tout tend aux fins, dont un seul ïota
N'étant omis, d'abord le personnage
Jette son plomb sur messer Nicia,
Pour lui donner l'ordre de cocuage.
Hardi dessein! L'épouse de léans,
A dire vrai, recevoit bien les gens;
Mais c'étoit tout : aucun de ses amans
Ne s'en pouvoit promettre davantage.
Celui-ci seul, Callimaque nommé,
Dès qu'il parut, fut très-fort à son gré.
Le galant donc près de la forteresse
Assiet son camp, vous investit Lucrece,
Qui ne manqua de faire la tigresse

A l'ordinaire, et l'envoya jouer.
Il ne sçavoit à quel saint se vouer,
Quand le mari, par sa sottise extrême,
Lui fit juger qu'il n'étoit stratagême,
Panneau n'étoit, tant étrange semblât,
Où le pauvre homme à la fin ne donnât
De tout son cœur, et ne s'en affublât.
L'amant et lui, comme étant gens d'étude,
Avoient entre eux lié quelque habitude :
Car Nice étoit docteur en droit canon.
Mieux eût valu l'être en autre science,
Et qu'il n'eût pris si grande confiance
En Callimaque. Un jour, au compagnon
Il se plaignit de se voir sans lignée.
A qui la faute? Il étoit verd-galant,
Lucrece jeune, et drue, et bien taillée.
Lorsque j'étois à Paris, dit l'amant,
Un curieux y passa d'aventure.
Je l'allai voir : il m'apprit cent secrets,
Entr'autres un pour avoir géniture;
Et n'étoit chose à son compte plus sûre.
Le Grand Mogol l'avoit avec succès,
Depuis deux ans, éprouvé sur sa femme;
Mainte princesse, et mainte et mainte dame
En avoit fait aussi d'heureux essais.

Il disoit vrai : j'en ai vu des effets.
Cette recette est une médecine
Faite du jus de certaine racine
Ayant pour nom mandragore ; et ce jus,
Pris par la femme, opere beaucoup plus
Que ne fit onc nulle ombre monachale
D'aucun couvent de jeunes freres plein.
Dans dix mois d'hui, je vous fais pere enfin,
Sans demander un plus long intervalle ;
Et touchez là : dans dix mois et devant,
Nous porterons au baptême l'enfant.
Dites-vous vrai? repartit messer Nice :
Vous me rendez un merveilleux office.
Vrai? je l'ai vu. Faut-il répéter tant?
Vous moquez-vous d'en douter seulement?
Par votre foi, le Mogol est-il homme
Que l'on osât de la sorte affronter?
Ce curieux en toucha telle somme,
Qu'il n'eut sujet de s'en mécontenter.
Nice reprit : Voilà chose admirable
Et qui doit être à Lucrece agréable!
Quand lui verrai-je un poupon sur le sein?
Notre féal, vous serez le parrain :
C'est la raison ; dès hui je vous en prie.
Tout doux, reprit alors notre galant ;

Ne soyez pas si prompt, je vous supplie.
Vous allez vite : il faut auparavant
Vous dire tout. Un mal est dans l'affaire ;
Mais ici-bas put-on jamais tant faire
Que de trouver un bien pur et sans mal ?
Ce jus, doué de vertu tant insigne,
Porte d'ailleurs qualité très-maligne :
Presque toujours il se trouve fatal
A celui-là qui le premier caresse
La patiente ; et souvent on en meurt.
Nice reprit aussi-tôt : Serviteur ;
Plus de votre herbe, et laissons là Lucrece
Telle qu'elle est : bien grand merci du soin.
Que servira, moi mort, si je suis pere ?
Pourvoyez-vous de quelque autre compere :
C'est trop de peine, il n'en est pas besoin.
L'amant lui dit : Quel esprit est le vôtre !
Toujours il va d'un excès dans un autre.
Le grand desir de vous voir un enfant
Vous transportoit n'aguere d'allégresse ;
Et vous voilà, tant vous avez de presse,
Découragé, sans attendre un moment.
Oyez le reste, et sçachez que nature
A mis remede à tout, fors à la mort.
Qu'est-il de faire, afin que l'aventure

Nous réussisse et qu'elle aille à bon port?
Il nous faudra choisir quelque jeune homme
D'entre le peuple; un pauvre malheureux
Qui vous précede au combat amoureux,
Tente la voie, attire et prenne en somme
Tout le venin; puis, le danger ôté,
Il conviendra que de votre côté
Vous agissiez, sans tarder davantage;
Car soyez sûr d'être alors garanti.
Il nous faut faire *in anima vili*
Ce premier pas, et prendre un personnage
Lourd et de peu, mais qui ne soit pourtant
Mal-fait de corps, ni par trop dégoûtant,
Ni d'un toucher si rude et si sauvage
Qu'à votre femme un supplice ce soit :
Nous sçavons bien que madame Lucrece,
Accoûtumée à la délicatesse
De Nicia, trop de peine en auroit.
Même il se peut qu'en venant à la chose,
Jamais son cœur n'y voudroit consentir.
Or ai-je dit un jeune homme, et pour cause :
Car plus sera d'âge pour bien agir,
Moins laissera de venin, sans nul doute :
Je vous promets qu'il n'en laissera goutte.
Nice d'abord eut peine à digérer

L'expédient, allégua le danger,
Et l'infamie : il en seroit en peine ;
Le magistrat pourroit le rechercher,
Sur le soupçon d'une mort si soudaine.
Empoisonner un de ses citadins !
Lucrece étoit échappée aux blondins,
On l'alloit mettre entre les bras d'un rustre !
Je suis d'avis qu'on prenne un homme illustre,
Dit Callimaque, ou quelqu'un qui bientôt
En mille endroits cornera le mystere ?
Sottise et peur contiendront ce pitaud.
Au pis aller l'argent le fera taire.
Votre moitié n'ayant lieu de s'y plaire,
Et le coquin même n'y songeant pas,
Vous ne tombez proprement dans le cas
De cocuage. Il n'est pas dit encore
Qu'un tel paillard ne résiste au poison ;
Et ce nous est une double raison
De le choisir tel que la mandragore
Consume en vain sur lui tout son venin.
Car quand je dis qu'on meurt, je n'entends dire
Assurément. Il vous faudra demain
Faire choisir sur la brune le sire,
Et dès ce soir donner la potion :
J'en ai chez moi de la confection.

Gardez-vous bien au reste, messer Nice,
D'aller paroître en aucune façon.
Ligurio choisira le garçon ;
C'est là son fait : laissez-lui cet office.
Vous vous pouvez fier à ce valet
Comme à vous-même : il est sage et discret.
J'oublie encore que, pour plus d'assurance,
On bandera les yeux à ce paillard :
Il ne sçaura qui, quoi, n'en quelle part,
N'en quel logis, ni si dedans Florence,
Ou bien dehors on vous l'aura mené.
Par Nicia le tout fut approuvé.
Restoit sans plus d'y disposer sa femme.
De prime face, elle crut qu'on rioit ;
Puis se fâcha, puis jura sur son ame
Que mille fois plutôt on la tueroît.
Que diroit-on, si le bruit en couroit?
Outre l'offense et péché trop énorme,
Calfuce et Dieu sçavoient que de tout temps
Elle avoit craint ces devoirs complaisans
Qu'elle enduroit seulement pour la forme.
Puis il viendroit quelque mâtin difforme
L'incommoder, la mettre sur les dents :
Suis-je de taille à souffrir toutes gens?
Quoi ! recevoir un pitaud dans ma couche,

Puis-je y songer qu'avecque du dédain?
Et par saint Jean, ni pitaud, ni blondin,
Ni roi, ni roc, ne feront qu'autre touche
Que Nicia jamais onc à ma peau.
Lucrèce étant de la sorte arrêtée,
On eut recours à frere Timothée.
Il la prêcha; mais si bien et si beau,
Qu'elle donna les mains par pénitence.
On l'assûra de plus qu'on choisiroit
Quelque garçon d'honnête corpulence,
Non trop rustaut, et qui ne lui feroit
Mal ni dégoût. La potion fut prise.
Le lendemain, notre amant se déguise,
Et s'enfarine en vrai garçon meûnier:
Un faux menton, barbe d'étrange guise;
Mieux ne pouvoit se métamorphoser.
Ligurio, qui de la faciende
Et du complot avoit toujours été,
Trouve l'amant tout tel qu'il le demande,
Et ne doutant qu'on n'y fût attrapé,
Sur le minuit le mene à messer Nice,
Les yeux bandés, le poil teint, et si bien,
Que notre époux ne reconnut en rien
Le compagnon. Dans le lit il se glisse
En grand silence. En grand silence aussi

La patiente attend sa destinée,
Bien blanchement, et ce soir atournée.
Voire ce soir? atournée! et pour qui?
Pour qui? j'entends : n'est-ce pas que la dame,
Pour un meûnier prenoit trop de souci?
Vous vous trompez, le sexe en use ainsi :
Meûniers ou rois, il veut plaire à toute ame.
C'est double honneur, ce semble, en une femme,
Quand son mérite échauffe un esprit lourd,
Et fait aimer les cœurs nés sans amour.
Le travesti changea de personnage
Si-tôt qu'il eut dame de tel corsage
A ses côtés, et qu'il fut dans le lit.
Plus de meûnier : la galante sentit
Auprès de soi la peau d'un honnête homme.
Et ne croyez qu'on employât au somme
De tels momens. Elle disoit tout bas :
Qu'est-ceci donc? ce compagnon n'est pas
Tel que j'ai cru : le drôle a la peau fine.
C'est grand dommage : il ne mérite, hélas!
Un tel destin : j'ai regret qu'au trépas
Chaque moment de plaisir l'achemine.
Tandis l'époux, enrollé tout de bon,
De sa moitié plaignoit bien fort la peine.
Ce fut avec une fierté de reine

Qu'elle donna la premiere façon
De cocuage; et, pour le décoron,
Point ne voulut y joindre ses caresses :
A ce garçon la perle des Lucreces
Prendroit du goût. Quant le premier venin
Fut emporté, notre amant prit la main
De sa maîtresse, et de baisers de flamme
La parcourant : Pardon, dit-il, madame,
Ne vous fâchez du tour qu'on vous a fait :
C'est Callimaque; approuvez son martyre.
Vous ne sçauriez ce coup vous en dédire :
Votre rigueur n'est plus d'aucun effet.
S'il est fatal toutefois que j'expire,
J'en suis content : vous avez dans vos mains
Un moyen sûr de me priver de vie;
Et le plaisir bien mieux qu'aucuns venins
M'achevera : tout le reste est folie.
Lucrece avoit jusques-là résisté;
Non par défaut de bonne volonté,
Ni que l'amant ne plût fort à la belle;
Mais la pudeur et la simplicité
L'avoient rendue ingrate en dépit d'elle.
Sans dire mot, sans oser respirer,
Pleine de honte et d'amour tout ensemble,
Elle se met aussi-tôt à pleurer.

A son amant peut-elle se montrer
Après cela? qu'en pourra-t-il penser?
Dit-elle en soi; et qu'est-ce qu'il lui semble?
J'ai bien manqué de courage et d'esprit.
Incontinent un excès de dépit
Saisit son cœur, et fait que la pauvrette
Tourne la tête, et vers le coin du lit
Se va cacher pour derniere retraite.
Elle y voulut tenir bon, mais en vain :
Ne lui restant que ce peu de terrain,
La place fut incontinent rendue.
Le vainqueur l'eut à sa discrétion;
Il en usa selon sa passion,
Et plus ne fut de larme répandue.
Honte cessa; scrupule autant en fit.
Heureux sont ceux qu'on trompe à leur profit!
L'aurore vint trop tôt pour Callimaque;
Trop tôt encor pour l'objet de ses vœux.
Il faut, dit-il, beaucoup plus d'une attaque
Contre un venin tenu si dangereux.
Les jours suivans notre couple amoureux
Y sçut pourvoir : l'époux ne tarda guères
Qu'il n'eût atteint tous ses autres confreres.
Pour ce coup-là fallut se séparer :
L'amant courut chez soi se recoucher.

LA MANDRAGORE.

A peine au lit il s'étoit mis encore,
Que notre époux, joyeux et triomphant,
Le va trouver, et lui conte comment
S'étoit passé le jus de mandragore.
D'abord, dit-il, j'allai tout doucement
Auprès du lit écouter si le sire
S'approcheroit, et s'il en voudrait dire ;
Puis je priai notre épouse tout bas
Qu'elle lui fît quelque peu de caresse,
Et ne craignît de gâter ses appas :
C'étoit au plus une nuit d'embarras.
Et ne pensez, ce lui dis-je, Lucrece,
Ni l'un ni l'autre en ceci me tromper ;
Je sçaurai tout : Nice se peut vanter
D'être homme à qui l'on n'en donne à garder.
Vous sçavez bien qu'il y va de ma vie ;
N'allez donc point faire la rencherie :
Montrez par là que vous sçavez aimer
Votre mari, plus qu'on ne croit encore :
C'est un beau champ. Que si cette pécore
Fait le honteux, envoyez sans tarder
M'en avertir, car je me vais coucher ;
Et n'y manquez : nous y mettrons bon ordre.
Besoin n'en eus : tout fut bien jusqu'au bout.
Sçavez-vous bien que ce rustre y prit goût ?

Le drôle avoit tantôt peine à démordre :
J'en ai pitié ; je le plains, après tout.
N'y songeons plus : qu'il meure et qu'on l'enterre.
Et quant à vous, venez nous voir souvent.
Nargue de ceux qui me faisoient la guerre :
Dans neuf mois d'huy je leur livre un enfant.

LES RÉMOIS

L n'est cité que je préfere à Reims :
C'est l'ornement et l'honneur de la France :
Car sans compter l'Ampoule et les bons vins,
Charmans objets y sont en abondance.
Par ce point-là je n'entends, quant à moi,
Tours ni portaux; mais gentilles Galoises;
Ayant trouvé telle de nos Rémoises
Friande assez pour la bouche d'un roi.
UNE avoit pris un peintre en mariage,
Homme estimé dans sa profession :
Il en vivoit; que faut-il davantage ?
C'étoit assez pour sa condition.
Chacun trouvoit sa femme fort heureuse.
Le drôle étoit, grace à certain talent,
Très-bon époux, encor meilleur galant.
De son travail mainte dame amoureuse
L'alloit trouver; et le tout à deux fins :
C'étoit le bruit, à ce que dit l'histoire.
Moi qui ne suis en cela des plus fins,
Je m'en rapporte à ce qu'il faut en croire.
Dès que le sire avoit donzelle en main,
Il en rioit avecque son épouse.
Les droits d'hymen allant toujours leur train.

Besoin n'étoit qu'elle fît la jalouse,
Même elle eût pu le payer de ses tours,
Et comme lui voyager en amours;
Sauf d'en user avec plus de prudence,
Ne lui faisant la même confidence.
Entre les gens qu'elle sçut attirer,
Deux siens voisins se laissèrent leurrer
A l'entretien libre et gai de la dame;
Car c'étoit bien la plus plus trompeuse femme
Qu'en ce point-là l'on eût sçu rencontrer;
Sage sur tout, mais aimant fort à rire.
Elle ne manque incontinent de dire
A son mari l'amour des deux bourgeois,
Tous deux gens sots, tous deux gens à sornettes;
Lui raconta mot pour mot leurs fleurettes,
Pleurs et soupirs, gémissemens gaulois.
Ils avoient lu, ou plutôt oüi dire
Que d'ordinaire en amour on soupire;
Ils tachoient donc d'en faire leur devoir,
Que bien, que mal, et selon leur pouvoir.
A frais communs se conduisoit l'affaire.
Ils ne devoient nulle chose se taire :
Le premier d'eux qu'on favoriseroit
De son bonheur part à l'autre feroit.
Femmes, voilà souvent comme on vous traite :

Le seul plaisir est ce que l'on souhaite.
Amour est mort : le pauvre compagnon
Fut enterré sur les bords du Lignon :
Nous n'en avons ici ni vent ni voie.
Vous y servez de jouet et de proie
A jeunes gens indiscrets, scélérats :
C'est bien raison qu'au double on le leur rende :
Le beau premier qui sera dans vos lacs,
Plumez-le-moi ; je vous le recommande.
La dame donc, pour tromper ses voisins,
Leur dit un jour : Vous boirez de nos vins,
Ce soir, chez nous. Mon mari s'en va faire
Un tour aux champs ; et le bon de l'affaire,
C'est qu'il ne doit au gîte revenir :
Nous nous pourrons à l'aise entretenir.
Bon, dirent-ils, nous viendrons sur la brune.
Or les voilà compagnons de fortune.
La nuit venue, ils sont au rendez-vous.
Eux introduits, croyant ville gagnée,
Un bruit survint ; la fête fut troublée.
On frappe à l'huis. Le logis aux verroux
Étoit fermé. La femme à la fenêtre
Court, en disant : Celui-là frappe en maître ;
Seroit-ce point par malheur mon époux ?
Oui, cachez-vous, dit-elle ; c'est lui-même :

Quelque accident ou bien quelque soupçon
Le font venir coucher à la maison.
Nos deux galants, dans ce péril extrême,
Se jettent vîte en certain cabinet :
Car s'en aller, comment auroient-ils fait?
Ils n'avoient pas le pied hors de la chambre,
Que l'époux entre, et voit au feu le membre,
Accompagné de maint et maint pigeon;
L'un au hâtier, les autres au chaudron.
Oh! oh! dit-il, voilà bonne cuisine!
Qui traitez-vous? Alis notre voisine,
Reprit l'épouse, et Simonette aussi.
Loué soit Dieu qui vous ramene ici;
La compagnie en sera plus complette.
Madame Alis, madame Simonette
N'y perdront rien. Il faut les avertir
Que tout est prêt, qu'elles n'ont qu'à venir :
J'y cours moi-même. Alors la créature
Les va prier. Or c'étoient les moitiés
De nos galants et chercheurs d'aventure,
Qui fort chagrins de se voir enfermés,
Ne laissoient pas de louer leur hôtesse
De s'être ainsi tirée avec adresse
De cet apprêt. Avec elle à l'instant
Leurs deux moitiés entrent tout en chantant.

On les salue, on les baise, on les loue
De leur beauté, de leur ajustement ;
On les contemple, on patine, on se joue.
Cela ne plut aux maris nullement.
Du cabinet la porte à demi close
Leur laissant voir le tout distinctement,
Ils ne prenoient aucun goût à la chose :
Mais passe encor pour ce commencement.
Le souper mis presque au même moment,
Le peintre prit par la main les deux femmes,
Les fit asseoir, entre elles se plaça.
Je bois, dit-il, à la santé des dames ;
Et de trinquer : passe encore pour cela.
On fit raison : le vin ne dura guere.
L'hôtesse, étant alors sans chambriere,
Court à la cave, et, de peur des esprits,
Mene avec soi madame Simonette.
Le peintre reste avec madame Alis,
Provinciale assez belle, et bien faite,
Et s'en piquant, et qui, pour le pays,
Se pouvoit dire honnêtement coquette.
Le compagnon, vous la tenant seulette,
La conduisit de fleurette en fleurette
Jusqu'au toucher, et puis un peu plus loin ;
Puis tout à coup levant la colerette,

Prit un baiser dont l'époux fut témoin.
Jusques-là passe : époux, quand ils sont sages,
Ne prennent garde à ces menus suffrages ;
Et d'en tenir registre, c'est abus.
Bien est-il vrai qu'en rencontre pareille
Simples baisers font craindre le surplus ;
Car Satan lors vient frapper sur l'oreille
De tel qui dort, et fait tant qu'il s'éveille.
L'époux vit donc que, tandis qu'une main
Se promenoit sur la gorge à son aise,
L'autre prenoit tout un autre chemin.
Ce fut alors, dame, ne vous déplaise,
Que le courroux lui montant au cerveau,
Il s'en alloit, enfonçant son chapeau,
Mettre l'alarme en tout le voisinage,
Battre sa femme, et dire au peintre rage,
Et témoigner qu'il n'avoit les bras gourds.
Gardez-vous bien de faire une sottise,
Lui dit tout bas son compagnon d'amours :
Tenez-vous coi. Le bruit en nulle guise
N'est bon ici ; d'autant plus qu'en vos lacs
Vous êtes pris : ne vous montrez donc pas ;
C'est le moyen d'étouffer cette affaire.
Il est écrit qu'à nul il ne faut faire
Ce qu'on ne veut à soi-même être fait.

Nous ne devons quitter ce cabinet
Que bien à point, et tantôt, quant cet homme
Étant au lit, prendra son premier somme.
Selon mon sens, c'est le meilleur parti.
A tard viendroit aussi bien la querelle :
N'êtes-vous pas cocu plus d'à demi?
Madame Alis au fait a consenti :
Cela suffit, le reste est bagatelle.
L'époux goûta quelque peu ces raisons.
Sa femme fit quelque peu de façons,
N'ayant le temps d'en faire davantage.
Et puis? Et puis... comme personne sage,
Elle remit sa coeffure en état.
On n'eût jamais soupçonné ce ménage,
Sans qu'il restoit un certain incarnat
Dessus son teint; mais c'étoit peu de chose :
Dame Fleurette en pouvoit être cause.
L'une pourtant des tireuses de vin
De lui sourire au retour ne fit faute :
Ce fut la peintre. On se remit en train ;
On releva grillades et festin ;
On but encore à la santé de l'hôte,
Et de l'hôtesse, et de celle des trois
Qui la premiere auroit quelque aventure.
Le vin manqua pour la seconde fois.

L'hôtesse, adroite et fine créature,
Soutient toujours qu'il revient des esprits
Chez les voisins : ainsi madame Alis
Servit d'escorte. Entendez que la dame
Pour l'autre emploi inclinoit en son ame;
Mais on l'emmene, et par ce moyen-là
De faction Simonette changea.
Celle-ci fait d'abord plus la sévere,
Veut suivre l'autre, ou feint le vouloir faire;
Mais se sentant par le peintre tirer,
Elle demeure, étant trop ménagere
Pour se laisser son habit déchirer.
L'époux, voyant quel train prenoit l'affaire,
Voulut sortir. L'autre lui dit : Tout doux,
Nous ne voulons sur vous nul avantage;
C'est bien raison que messer Cocuage
Sur son état vous couche ainsi que nous.
Sommes-nous pas compagnons de fortune?
Puisque le peintre en a caressé l'une,
L'autre doit suivre. Il faut, bon gré, mal gré,
Qu'elle entre en danse; et s'il est nécessaire,
Je m'offrirai de lui tenir le pied :
Vouliez ou non, elle aura son affaire.
Elle l'eut donc : notre peintre y pourvut
Tout de son mieux : aussi le valoit-elle.

Cette derniere eut ce qu'il lui fallut :
On en donna le loisir à la belle.
Quand le vin fut de retour, on conclut
Qu'il ne falloit s'atabler davantage.
Il étoit tard, et le peintre avoit fait
Pour ce jour-là suffisamment d'ouvrage.
On dit bon soir. Le drôle, satisfait,
Se met au lit : nos gens sortent de cage.
L'hôtesse alla tirer du cabinet
Les regardans, honteux, mal contens d'elle,
Cocus de plus Le pis de leur méchef
Fut qu'aucun d'eux ne put venir à chef
De son dessein, ni rendre à la donzelle
Ce qu'elle avoit à leurs femmes prêté :
Par conséquent, c'est fait : j'ai tout conté.

LA COURTISANE AMOUREUSE

Le jeune Amour, bien qu'il ait la façon
D'un dieu qui n'est encor qu'à sa leçon,
Fut de tout temps grand faiseur de miracles ;
En gens coquets il change les Catons ;
Par lui les sots deviennent des oracles ;
Par lui les loups deviennent des moutons.
Il fait si bien que l'on n'est plus le même :
Témoin Hercule et témoin Polyphême,
Mangeur de gens. L'un, sur un roc assis,
Chantoit aux vents ses amoureux soucis,
Et pour charmer sa nymphe joliette,
Tailloit sa barbe, et se miroit dans l'eau.
L'autre changea sa massue en fuseau,
Pour le plaisir d'une jeune fillette.
J'en dirois cent. Bocace en rapporte un,
Dont j'ai trouvé l'exemple peu commun.
C'est de Chimon, jeune homme tout sauvage,
Bien fait de corps, mais ours quant à l'esprit.
Amour le lèche, et tant qu'il le polit :
Chimon devint un galant personnage.
Qui fit cela ? Deux beaux yeux seulement.
Pour les avoir apperçus un moment,

Encore à peine, et voilés par le somme,
Chimon aima, puis devint honnête homme.
Ce n'est le point dont il s'agit ici :
Je veux conter comme une de ces femmes
Qui font plaisir aux enfans sans souci
Put en son cœur loger d'honnêtes flammes.
Elle étoit fiere, et bizarre surtout ;
On ne sçavoit comme en venir à bout.
Rome, c'étoit le lieu de son négoce.
Mettre à ses pieds la mitre avec la crosse,
C'étoit trop peu : les simples monseigneurs
N'étoient d'un rang digne de ses faveurs :
Il lui falloit un homme du conclave,
Et des premiers, et qui fût son esclave ;
Et même encore il y profitoit peu,
A moins que d'être un cardinal neveu.
Le pape enfin, s'il se fût piqué d'elle,
N'auroit été trop bon pour la donzelle.
De son orgueil ses habits se sentoient :
Force brillans sur sa robe éclatoient,
La chamarure avec la broderie.
Lui voyant faire ainsi la renchérie,
Amour se mit en tête d'abaisser
Ce cœur si haut ; et pour un gentilhomme
Jeune, bien fait et des mieux mis de Rome,

Jusques au vif il voulut la blesser.
L'adolescent avoit pour nom Camille ;
Elle, Constance. Et bien qu'il fût d'humeur
Douce, traitable, à se prendre facile,
Constance n'eut si-tôt l'amour au cœur,
Que la voilà craintive devenue.
Elle n'osa déclarer ses desirs
D'autre façon qu'avecque des soupirs.
Auparavant pudeur ni retenue
Ne l'arrêtoient ; mais tout fut bien changé.
Comme on n'eût cru qu'amour se fût logé
En cœur si fier, Camille n'y prit garde.
Incessamment Constance le regarde ;
Et puis soupirs, et puis regards nouveaux,
Toujours rêveuse au milieu des cadeaux :
Sa beauté même y perdit quelque chose ;
Bientôt le lys l'emporta sur la rose.
Avint qu'un soir Camille régala
Des jeunes gens : il eut aussi des femmes.
Constance en fut. La chose se passa
Joyeusement, car peu d'entre ces dames
Étoient d'humeur à tenir des propos
De sainteté, ni de philosophie.
Constance seule, étant sourde aux bons mots,
Laissoit railler toute la compagnie.

Le soupé fait, chacun se retira.
Tout dès l'abord Constance s'éclipsa,
S'allant cacher en certaine ruelle.
Nul n'y prit garde, et l'on crut que chez elle,
Indisposée, ou de mauvaise humeur,
Ou pour affaire, elle étoit retournée.
La compagnie étant donc retirée,
Camille dit à ses gens, par bonheur,
Qu'on le laissât, et qu'il vouloit écrire.
Le voilà seul, et comme le desire
Celle qui l'aime, et qui ne sçait comment
Ni l'aborder, ni par quel compliment
Elle pourra lui déclarer sa flamme.
Tremblante enfin, et par nécessité,
Elle s'en vient. Qui fut bien étonné?
Ce fut Camille. Hé quoi! dit-il, madame,
Vous surprenez ainsi vos bons amis?
Il la fit seoir, et puis s'étant remis :
Qui vous croiroit, reprit-il, demeurée?
Et qui vous a cette cache montrée?
L'amour, dit-elle. A ce seul mot, sans plus
Elle rougit; chose que ne font guere
Celles qui sont prêtresses de Vénus :
Le vermillon leur vient d'autre maniere
Camille avoit déja quelque soupçon

AMOUREUSE.

Que l'on l'aimoit : il n'étoit si novice
Qu'il ne connût ses gens à la façon.
Pour en avoir un plus certain indice,
Et s'égayer, et voir si ce cœur fier
Jusques au bout pourroit s'humilier,
Il fit le froid : notre amante en soupire.
La violence enfin de son martyre
La fait parler; elle commence ainsi :
Je ne sçais pas ce que vous allez dire
De voir Constance oser venir ici
Vous déclarer sa passion extrême.
Je ne sçaurois y penser sans rougir :
Car du métier de nymphe me couvrir,
On n'en est plus, dès le moment qu'on aime.
Puis, quelle excuse! hélas! si le passé
Dans votre esprit pouvoit être effacé!
Du moins, Camille, excusez ma franchise.
Je vois fort bien que, quoi que je vous dise,
Je vous déplais. Mon zèle me nuira;
Mais nuise ou non, Constance vous adore :
Méprisez-la, chassez-la, battez-la;
Si vous pouvez, faites-lui pis encore;
Elle est à vous. Alors le jouvenceau :
Critiquer gens m'est, dit-il, fort nouveau,
Ce n'est mon fait; et toutefois, madame,

Je vous dirai tout net que ce discours
Me surprend fort, et que vous n'êtes femme
Qui dût ainsi prévenir nos amours.
Outre le sexe, et quelque bienséance
Qu'il faut garder, vous vous êtes fait tort.
A quel propos toute cette éloquence?
Votre beauté m'eût gagné sans effort,
Et de son chef. Je vous le dis encor,
Je n'aime point qu'on me fasse d'avance.
Ce propos fut à la pauvre Constance
Un coup de foudre. Elle reprit pourtant :
J'ai mérité ce mauvais traitement;
Mais ose-t-on vous dire sa pensée?
Mon procédé ne me nuiroit pas tant,
Si ma beauté n'étoit point effacée.
C'est compliment ce que vous m'avez dit;
J'en suis certaine, et lis dans votre esprit :
Mon peu d'appas n'a rien qui vous engage;
D'où me vient-il? Je m'en rapporte à vous.
N'est-il pas vrai que n'aguere, entre nous,
A mes attraits chacun rendoit hommage?
Ils sont éteints ces dons si précieux :
L'amour que j'ai m'a causé ce dommage.
Je ne suis plus assez belle à vos yeux;
Si je l'étois, je serois assez sage.

Nous parlerons tantôt de ce point-là,
Dit le galant. Il est tard, et voilà
Minuit qui sonne; il faut que je me couche.
Constance crut qu'elle auroit la moitié
D'un certain lit, que d'un œil de pitié
Elle voyoit; mais d'en ouvrir la bouche
Elle n'osa, de crainte de refus.
Le compagnon, feignant d'être confus,
Se tut long-temps, puis dit : Comment ferai-je?
Je ne me puis tout seul déshabiller.
Eh bien, monsieur, dit-elle, appellerai-je?
Non, reprit-il, gardez-vous d'appeler :
Je ne veux pas qu'en ce lieu l'on vous voie,
Ni qu'en ma chambre une fille de joie
Passe la nuit, au sçu de tous mes gens.
Cela suffit, monsieur, repartit-elle :
Pour éviter ces inconvéniens,
Je me pourrois cacher en la ruele.
Mais faisons mieux, et ne laissons venir
Personne ici : l'amoureuse Constance
Veut aujourd'hui de laquais vous servir;
Accordez-lui pour toute récompense
Cet honneur-là. Le jeune homme y consent.
Elle s'approche, elle le déboutonne;
Touchant sans plus à l'habit, et n'osant

Du bout du doigt toucher à la personne.
Ce ne fut tout ; elle le déchaussa.
Quoi ! de sa main ? quoi ! Constance elle-même !
Qui fut-ce donc ? est-ce trop que cela ?
Je voudrois bien déchausser ce que j'aime.
Le compagnon dans le lit se plaça,
Sans la prier d'être de la partie.
Constance crut, dans le commencement,
Qu'il la vouloit éprouver seulement ;
Mais tout cela passoit la raillerie.
Pour en venir au point plus important :
Il fait, dit-elle, un temps froid comme glace...
Où me coucher ?

CAMILLE.

Par-tout où vous voudrez.

CONSTANCE.

Quoi ! sur ce siége ?

CAMILLE.

Eh bien, non : vous viendrez
Dedans mon lit.

CONSTANCE.

Délacez-moi, de grace.

CAMILLE.

Je ne sçaurois : il fait froid, je suis nu ;
Délacez-vous. Notre amante, ayant vu

AMOUREUSE.

Près du chevet un poignard dans sa gaîne,
Le prend, le tire, et coupe ses habits :
Corps piqué d'or, garnitures de prix,
Ajustemens de princesse et de reine,
Ce que les gens en deux mois, à grand'peine,
Avoient brodé, périt en un moment;
Sans regretter ni plaindre aucunement
Ce que le sexe aime plus que sa vie.
Femmes de France, en feriez-vous autant?
Je crois que non, j'en suis sûr; et partant,
Cela fut beau sans doute en Italie.
La pauvre amante approche en tapinois,
Croyant tout fait, et que pour cette fois
Aucun bizarre et nouveau stratagême
Ne viendroit plus son aise reculer.
Camille dit : C'est trop dissimuler;
Femme qui vient se produire elle-même
N'aura jamais de place à mes côtés :
Si bon vous semble, allez vous mettre aux pieds.
Ce fut bien-là qu'une douleur extrême
Saisit la belle; et si lors, par hazard,
Elle avoit eu dans ses mains le poignard,
C'en étoit fait : elle eût de part en part
Percé son cœur. Toutefois l'espérance
Ne mourut pas encor dans son esprit.

Camille étoit trop connu de Constance;
Et que ce fût tout de bon qu'il eût dit
Chose si dure et pleine d'insolence,
Lui qui s'étoit jusques-là comporté
En homme doux, civil, et sans fierté :
Cela sembloit contre toute apparence.
Elle va donc en travers se placer
Aux pieds du sire, et d'abord les lui baise;
Mais point trop fort, de peur de le blesser.
On peut juger si Camille étoit aise.
Quelle victoire! avoir mis à ce point
Une beauté si superbe et si fiere!
Une beauté! Je ne la décris point :
Il me faudroit une semaine entiere.
On ne pouvoit reprocher seulement
Que la pâleur à cet objet charmant,
Pâleur encor dont la cause étoit telle
Qu'elle donnoit du lustre à notre belle.
Camille donc s'étend et sur un sein
Pour qui l'ivoire auroit eu de l'envie
Pose ses pieds, et sans cérémonie
Il s'accommode et se fait un coussin;
Puis feint qu'il cede aux charmes de Morphée.
Par les sanglots notre amante étouffée
Lâche la bonde aux pleurs cette fois-là.

AMOUREUSE.

Ce fut la fin. Camille l'appela
D'un ton de voix qui plut fort à la belle.
Je suis content, dit-il, de votre amour;
Venez, venez, Constance; c'est mon tour.
Elle se glisse, et lui, s'approchant d'elle :
M'avez-vous cru si dur et si brutal
Que d'avoir fait tout de bon le sévere?
Dit-il d'abord; vous me connoissez mal :
Je vous voulois donner lieu de me plaire.
Or bien je sçais le fond de votre cœur.
Je suis content, satisfait, plein de joie,
Comblé d'amour; et que votre rigueur,
Si bon lui semble, à son tour se déploie :
Elle le peut; usez-en librement.
Je me déclare aujourd'hui votre amant
Et votre époux, et ne sçais nulle dame,
De quelque rang et beauté que ce soit,
Qui vous valût pour maîtresse et pour femme :
Car le passé rappeller ne se doit
Entre nous deux. Une chose ai-je à dire :
C'est qu'en secret il nous faut marier.
Il n'est besoin de vous spécifier
Pour quel sujet : cela vous doit suffire.
Même il est mieux de cette façon-là.
Un tel hymen à des amours ressemble :

On est époux et galant tout ensemble.
L'histoire dit que le drôle ajoûta :
Voulez-vous pas, en attendant le prêtre,
A votre amant vous fier aujourd'hui?
Vous le pouvez, je vous réponds de lui;
Son cœur n'est pas d'un perfide et d'un traître.
A tout cela Constance ne dit rien:
C'étoit tout dire : il le reconnut bien,
N'étant novice en semblables affaires.
Quant au surplus, ce sont de tels mysteres
Qu'il n'est besoin d'en faire le récit.
Voilà comment Constance réussit.
Or faites-en, nymphes, votre profit.
Amour en a dans son académie,
Si l'on vouloit venir à l'examen,
Que j'aimerois, pour un pareil hymen,
Mieux que mainte autre à qui l'on se marie.
Femme qui n'a filé toute sa vie
Tâche à passer bien des choses sans bruit.
Témoin Constance et tout ce qui s'ensuit,
Noviciat d'épreuves un peu dures :
Elle en reçut abondamment le fruit.
Nonnes je sçais qui voudroient chaque nuit
En faire un tel, à toutes aventures.
Ce que possible on ne croira pas vrai,

AMOUREUSE.

C'est que Camille, en caressant la belle,
Des dons d'amour lui fit goûter l'essai.
L'essai? je faux : Constance en étoit-elle
Aux élémens? Oui, Constance en étoit
Aux élémens. Ce que la belle avoit
Pris et donné de plaisirs en sa vie,
Compter pour rien jusqu'alors se devoit.
Pourquoi cela? Quiconque aime, le die.

NICAISE

Un apprenti marchand étoit,
Qu'avec droit Nicaise on nommoit ;
Garçon très-neuf, hors sa boutique
Et quelque peu d'arithmétique ;
Garçon novice dans les tours
Qui se pratiquent en amours.
Bons bourgeois du temps de nos peres
S'avisoient tard d'être bons freres.
Ils n'apprenoient cette leçon
Qu'ayant de la barbe au menton.
Ceux d'aujourd'hui, sans qu'on les flatte,
Ont soin de s'y rendre sçavans
Aussi-tôt que les autres gens.
Le jouvenceau de vieille date,
Possible un peu moins avancé,
Par les degrés n'avoit passé.
Quoi qu'il en soit, le pauvre sire
En très-beau chemin demeura,
Se trouvant court par celui-là,
C'est par l'esprit que je veux dire.
Une belle pourtant l'aima :
C'étoit la fille de son maître,
Fille aimable autant qu'on peut l'être,

Et ne tournant autour du pot ;
Soit par humeur franche et sincere,
Soit qu'il fût force d'ainsi faire,
Etant tombée aux mains d'un sot.
Quelqu'un de trop de hardiesse
Ira la taxer; et moi, non :
Tels procédés ont leur raison.
Lorsque l'on aime une déesse,
Elle fait ces avances-là :
Notre belle sçavoit cela.
Son esprit, ses traits, sa richesse
Engageoient beaucoup de jeunesse
A sa recherche : heureux seroit
Celui d'entr'eux qui cueilleroit,
En nom d'hymen, certaine chose
Qu'à meilleur titre elle promit
Au jouvenceau ci-dessus dit.
Certain dieu par fois en dispose,
Amour nommé communément.
Il plut à la belle d'élire
Pour ce point l'apprenti marchand.
Bien est vrai (car il faut tout dire)
Qu'il étoit très-bien fait de corps,
Beau, jeune, et frais : ce sont trésors
Que ne méprise aucune dame,

Tant soit son esprit précieux :
Pour une qu'Amour prend par l'ame,
Il en prend mille par les yeux.
Celle-ci donc, des plus galantes,
Par mille choses engageantes
Tâchoit d'encourager le gars,
N'étoit chiche de ses regards,
Le pinçoit, lui venoit sourire,
Sur les yeux lui mettoit la main,
Sur le pied lui marchoit enfin.
A ce langage il ne sçut dire
Autre chose que des soupirs,
Interpretes de ses desirs.
Tant fut, à ce que dit l'histoire,
De part et d'autre soupiré,
Que, leur feu dûment déclaré,
Les jeunes gens, comme on peut croire,
Ne s'épargnerent ni sermens,
Ni d'autres points bien plus charmans,
Comme baisers à grosse usure ;
Le tout sans dompte et sans mesure :
Calculateur que fût l'amant,
Brouiller falloit incessamment :
La chose étoit tant infinie,
Qu'il y faisoit toujours abus :

Somme toute, il n'y manquoit plus
Qu'une seule cérémonie
(Bon fait aux filles l'épargner);
Ce ne fut pas sans témoigner
Bien du regret, bien de l'envie.
Par vous, disoit la belle amie,
Je me la veux faire enseigner,
Ou ne la sçavoir de ma vie.
Je la sçaurai, je vous promets;
Tenez-vous certain désormais
De m'avoir pour votre apprentie :
Je ne puis pour vous que ce point.
Je suis franche : n'attendez point
Que par un langage ordinaire,
Je vous promette de me faire
Religieuse, à moins qu'un jour
L'hymen ne suive notre amour.
Cet hymen seroit bien mon compte;
N'en doutez point : mais le moyen ?
Vous m'aimez trop pour vouloir rien
Qui me pût causer de la honte.
Tels et tels m'ont fait demander.
Mon pere est prêt de m'accorder.
Moi, je vous permets d'espérer
Qu'à qui que ce soit qu'on m'engage,

Soit conseiller, soit président,
Soit veille, ou jour de mariage,
Je serai vôtre auparavant,
Et vous aurez mon pucelage.
Le garçon la remercia
Comme il put. A huit jours de là,
Il s'offre un parti d'importance.
La belle dit à son ami :
Tenons-nous-en à celui-ci ;
Car il est homme, que je pense,
A passer la chose au gros sas.
La belle en étant sur ce cas,
On la promet ; on la commence :
Le jour des nôces se tient prêt.
Entendez ceci, s'il vous plait.
Je pense voir votre pensée
Sur ce mot-là de commencée.
C'étoit alors sans point d'abus
Fille promise, et rien de plus.
Huit jours donnés à la fiancée,
Comme elle appréhendoit encor
Quelque rupture en cet accord ;
Elle differe le négoce,
Jusqu'au propre jour de la noce,
De peur de certain accident

Qui les fillettes va perdant.
On mene au moûtier cependant
Notre galante encor pucelle.
Le oui fut dit à la chandelle.
L'époux voulut avec la belle
S'en aller coucher au retour.
Elle demande encor ce jour,
Et ne l'obtient qu'avecque peine :
Il fallut pourtant y passer.
Comme l'aurore étoit prochaine,
L'épouse, au lieu de se coucher,
S'habille. On eût dit une reine.
Rien ne manquoit aux vêtemens,
Perles, joyaux, et diamans :
Son épousé la faisoit dame.
Son ami, pour la faire femme,
Prend heure avec elle au matin.
Ils devoient aller au jardin,
Dans un bois propre à telle affaire.
Une compagne y devoit faire
Le guet autour de nos amans,
Compagne instruite du mystere.
La belle s'y rend la premiere,
Sous le prétexte d'aller faire
Un bouquet, dit-elle à ses gens.

Nicaise, après quelques momens,
La va trouver; et le bon sire,
Voyant le lieu, se met à dire :
Qu'il fait ici d'humidité !
Foin, votre habit sera gâté.
Il est beau : ce seroit dommage.
Souffrez, sans tarder davantage,
Que j'aille querir un tapis.
Ah, mon Dieu ! laissons les habits,
Dit la belle toute piquée :
Je dirai que je suis tombée ;
Pour la perte, n'y songez point.
Quand on a temps si fort à point,
Il en faut user, et périssent
Tous les vêtemens du pays ;
Que plutôt tous les beaux habits
Soient gâtés, et qu'ils se salissent,
Que d'aller ainsi consumer
Un quart d'heure : un quart d'heure est cher.
Tandis que tous les gens agissent
Pour ma noce, il ne tient qu'à vous
D'employer des momens si doux.
Ce que je dis ne me sied guere ;
Mais je vous chéris et vous veux
Rendre honnête homme, si je peux.

En vérité, dit l'amoureux,
Conserver étoffe si chere
Ne sera point mal fait à nous.
Je cours : c'est fait : je suis à vous ;
Deux minutes feront l'affaire.
Là-dessus il part, sans laisser
Le temps de lui rien repliquer.
Sa sottise guérit la dame :
Un tel dédain lui vint en l'ame,
Qu'elle reprit dès ce moment
Son cœur que trop indignement
Elle avoit placé. Quelle honte!
Prince des sots, dit-elle en soi ;
Va, je n'ai nul regret de toi :
Tout autre eût été mieux mon compte.
Mon bon ange a considéré
Que tu n'avois pas mérité
Une faveur si précieuse.
Je ne veux plus être amoureuse
Que de mon mari ; j'en fais vœu :
Et de peur qu'un reste de feu
A le trahir ne me rengage ;
Je vais, sans tarder davantage,
Lui porter un bien qu'il auroit,
Quand Nicaise en son lieu seroit.

A ces mots, la pauvre épousée
Sort du bois fort scandalisée.
L'autre revient, et son tapis :
Mais ce n'est plus comme jadis.
Amans, la bonne heure ne sonne
A toutes les heures du jour.
J'ai lu dans l'alphabet d'amour,
Qu'un galant près d'une personne
N'a toujours le temps comme il veut;
Qu'il le prenne donc comme il peut.
Tous délais y font du dommage :
Nicaise en est un témoignage.
Fort essouflé d'avoir couru,
Et joyeux de telle prouesse,
Il s'en revient bien résolu
D'employer tapis et maitresse.
Mais quoi! la dame au bel habit,
Mordant ses levres de dépit,
Retournoit vers la compagnie;
Et de sa flamme bien guérie,
Possible alloit dans ce moment,
Pour se venger de son amant,
Porter à son mari la chose
Qui lui causoit ce dépit là.
Quelle chose? c'est celle-là

NICAISE.

Que fille dit toujours qu'elle a :
Je le crois ; mais d'en mettre jà
Mon doigt au feu ; ma foi, je n'ose :
Ce que je sçais, c'est qu'en tel cas
Fille qui ment ne peche pas.
Grace à Nicaise, notre belle,
Ayant sa fleur en dépit d'elle,
S'en retournoit tout en grondant,
Quand Nicaise la rencontrant :
A quoi tient, dit-il à la dame,
Que vous ne m'ayez attendu ?
Sur ce tapis bien étendu
Vous seriez en peu d'heure femme.
Retournons donc sans consulter :
Venez cesser d'être pucelle ;
Puisque je puis, sans rien gâter,
Vous témoigner quel est mon zele.
Non pas cela, reprit la belle :
Mon pucelage dit qu'il faut
Remettre l'affaire à tantôt.
J'aime votre santé, Nicaise,
Et vous conseille auparavant
De reprendre un peu votre vent.
Or respirez tout à votre aise.
Vous êtes apprenti marchand ;

Faites-vous apprenti galant :
Vous n'y serez pas si tôt maître.
A mon égard, je ne puis être
Votre maîtresse en ce métier.
Sire Nicaise, il vous faut prendre
Quelque servante du quartier.
Vous sçavez des étoffes vendre,
Et leur prix en perfection;
Mais ce que vaut l'occasion,
Vous l'ignorez, allez l'apprendre.

COMMENT

L'ESPRIT VIENT AUX FILLES

IL est un jeu divertissant sur tous,
Jeu dont l'ardeur souvent se renouvelle;
Il divertit et la laide et la belle :
Soit jour, soit nuit, à toute heure il est doux.
Or devinez comment ce jeu s'appelle.
Le beau du jeu n'est connu de l'époux;
C'est chez l'amant que ce plaisir excelle :
De regardans pour y juger des coups,
Il n'en faut point; jamais on n'y querelle.
Or devinez comment ce jeu s'appelle.
Qu'importe-t-il? sans s'arrêter au nom,
Ni badiner là-dessus davantage,
Je vais encor vous en dire un usage;
Il fait venir l'esprit et la raison.
Nous le voyons en mainte bestiole.
Avant que Lise allât en cette école,
Lise n'étoit qu'un misérable oison.
Coudre et filer étoit son exercice;
Non pas le sien, mais celui de ses doigts;

Car que l'esprit eût part à cet office,
Ne le croyez ; il n'étoit nuls emplois
Où Lise pût avoir l'ame occupée :
Lise songeoit autant que sa poupée.
Cent fois le jour sa mere lui disoit :
Va-t-en chercher de l'esprit, malheureuse.
La pauvre fille aussitôt s'en alloit
Chez les voisins, affligée et honteuse,
Leur demandant où se vendoit l'esprit.
On en rioit ; à la fin on lui dit :
Allez trouver pere Bonaventure,
Car il en a bonne provision.
Incontinent la jeune créature
S'en va le voir, non sans confusion :
Elle craignoit que ce ne fût dommage
De détourner ainsi tel personnage.
Me voudroit-il faire de tels présens,
A moi qui n'ai que quatorze ou quinze ans ?
Vaux-je cela disoit en soi la belle ?
Son innocence augmentoit ses appas.
Amour n'avoit à son croc de pucelle
Dont il crût faire un aussi bon repas.
Mon révérend, dit-elle au béat homme,
Je viens vous voir : des personnes m'ont dit
Qu'en ce couvent on vendoit de l'esprit :

Votre plaisir seroit-il qu'à crédit
J'en pusse avoir? non pas pour grosse somme :
A gros achat mon trésor ne suffit.
Je reviendrai s'il m'en faut davantage ;
Et cependant prenez ceci pour gage.
A ce discours, je ne sçais quel anneau
Qu'elle tiroit de son doigt avec peine,
Ne venant point, le pere dit : Tout beau ;
Nous pourvoirons à ce qui vous amene
Sans exiger nul salaire de vous :
Il est marchande et marchande, entre nous :
A l'une on vend ce qu'à l'autre l'on donne.
Entrez ici ; suivez-moi hardiment ;
Nul ne nous voit, aucun ne nous entend,
Tous sont au chœur ; le portier est personne
Entierement à ma dévotion ;
Et ces murs ont de la discretion.
Elle le suit ; ils vont à sa cellule.
Mon révérend la jette sur un lit,
Veut la baiser : la pauvrette recule
Un peu la tête, et l'innocente dit :
Quoi, c'est ainsi qu'on donne de l'esprit !
Et vraiment oui, repart sa Révérence ;
Puis il lui met la main sur le teton :
Encore ainsi ! vraiment oui : comment donc ?

La belle prend le tout en patience.
Il suit sa pointe; et d'encor en encor
Toujours l'esprit s'insinue et s'avance,
Tant et si bien qu'il arrive à bon port.
Lise rioit du succès de la chose.
Bonaventure, à six momens de là,
Donne d'esprit une seconde dose.
Ce ne fut tout; une autre succéda :
La charité du beau Pere étoit grande.
Eh bien, dit-il, que vous semble du jeu?
A nous venir l'esprit tarde bien peu,
Reprit la belle; et puis elle demande :
Mais s'il s'en va? s'il s'en va? nous verrons :
D'autres secrets se mettent en usage.
N'en cherchez point, dit Lise, davantage;
De celui-ci nous nous contenterons.
Soit fait, dit-il; nous recommencerons.
Au pis aller, tant et tant qu'il suffise.
Le pis aller sembla le mieux à Lise.
Le secret même encor se répéta
Par le Pater : il aimoit cette danse.
Lise lui fait une humble révérence
Et s'en retourne en songeant à cela.
Lise songer! quoi, déja Lise songe!
Elle fait plus : elle cherche un mensonge,

Se doutant bien qu'on lui demanderoit,
Sans y manquer, d'où ce retard venoit.
Deux jours après, sa compagne Nannette
S'en vient la voir; pendant leur entretien
Lise rêvoit : Nannette comprit bien,
Comme elle étoit clairvoyante et finette,
Que Lise alors ne rêvoit pas pour rien.
Elle fait tant, tourne tant son amie,
Que celle-ci lui déclare le tout.
L'autre n'étoit à l'ouïr endormie.
Sans rien cacher, Lise, de bout en bout,
De point en point, lui conte le mystere,
Dimensions de l'esprit du beau Pere,
Et les encore, enfin tout le phœbé.
Mais vous, dit-elle, apprenez-nous, de grace,
Quand et par qui l'esprit vous fut donné.
Anne reprit : puisqu'il faut que je fasse
Un libre aveu ; c'est votre frere Alain
Qui m'a donné de l'esprit un matin.
Mon frere Alain ! Alain ! s'écria Lise,
Alain mon frere ! ah ! je suis bien surprise ;
Il n'en a point, comme en donneroit-il ?
Sotte, dit l'autre, hélas ! tu n'en sçais guere :
Apprens de moi que pour pareille affaire
Il n'est besoin que l'on soit si subtil.

Ne me crois-tu? sçache-le de ta mere;
Elle est experte au fait dont il s'agit :
Sur ce point-là l'on t'aura bientôt dit :
Vivent les sots pour donner de l'esprit.

L'ABBESSE MALADE

'EXEMPLE sert, l'exemple nuit aussi :
Lequel des deux doit l'emporter ici,
Ce n'est mon fait. L'un dira que l'abbesse
En usa bien ; l'autre, au contraire, mal.
Selon les gens, bien ou mal, je ne laisse
D'avoir mon compte, et montre en général,
Par ce que fit tout un troupeau de nones,
Que brebis sont la plupart des personnes :
Qu'il en passe une, il en passera cent,
Tant sur les gens est l'exemple puissant.
Agnès passa, puis autre sœur, puis une ;
Tant qu'à passer s'entre-pressant chacune,
On vit enfin celle qui les gardoit
Passer aussi. C'est en gros tout le conte :
Voici comment en détail on le conte.
CERTAINE abbesse un certain mal avoit,
Pâles couleurs nommé parmi les filles ;
Mal dangereux, et qui des plus gentilles
Détruit l'éclat, fait languir les attraits.
Notre malade avoit la face blême
Tout justement comme un saint de carême ;
Bonne d'ailleurs, et gente à cela près.
La Faculté sur ce point consultée,
Après avoir la chose examinée,
Dit que bientôt madame tomberoit

En fiévre lente, et puis qu'elle mourroit.
Force sera que cette humeur la mange ;
A moins que de... l'à moins est bien étrange ;
A moins enfin qu'elle n'ait à souhait
Compagnie d'homme. Hippocrate ne fait
Choix de ses mots, et tant tourner ne sçait.
Jesus, reprit toute scandalisée
Madame abbesse, hé! que dites-vous là?
Fi. Nous disons, repartit à cela
La Faculté, que pour chose assurée
Vous en mourrez, à moins d'un bon galant :
Bon le faut-il, c'est un point important :
Et si bon n'est, deux en prendrez, madame.
Ce fut bien pis : non pas que dans son ame
Ce bon ne fût par elle souhaité,
Mais le moyen que sa communauté
Lui vît sans peine approuver telle chose?
Honte souvent est de dommage cause.
Sœur Agnès dit : Madame, croyez-les.
Un tel remede est chose bien mauvaise,
S'il a le goût méchant à beaucoup près
Comme la mort. Vous faites cent secrets ;
Faut-il qu'un seul vous choque et vous déplaise?
Vous en parlez, Agnès, bien à votre aise,
Reprit l'abbesse ; or ça, par votre Dieu,

Le feriez-vous? Mettez-vous en mon lieu.
Oui-da, madame, et dis bien davantage :
Votre santé m'est chere jusques-là,
Que, s'il falloit pour vous souffrir cela,
Je ne voudrois que, dans ce témoignage
D'affection, pas une de céans
Me devançât. Mille remercimens
A sœur Agnès donnés par son abbesse.
La Faculté dit adieu là-dessus,
Et protesta de ne revenir plus.
Tout le couvent se trouvoit en tristesse,
Quand sœur Agnès, qui n'étoit de ce lieu
La moins sensée, au reste bonne lame,
Dit à ses sœurs : Tout ce qui tient madame
Est seulement belle honte de Dieu.
Par charité n'en est-il point quelqu'une
Pour lui montrer l'exemple et le chemin?
Cet avis fut approuvé de chacuné :
On l'applaudit; il court de main en main.
Pas une n'est qui montre en ce dessein
De la froideur, soit nonne, soit nonnette,
Mere prieure, ancienne, ou discrette.
Le billet trotte : on fait venir des gens
De toute guise, et des noirs, et des blancs,
Et des tannés. L'escadron, dit l'histoire,

Ne fut petit, ni, comme l'on peut croire,
Lent à montrer de sa part le chemin.
Ils ne cédoient à pas une nonnain,
Dans le desir de faire que madame
Ne fût honteuse, ou bien n'eût dans son ame
Tel récipé possible à contre-cœur.
De ses brebis à peine la premiere
A fait le saut, qu'il suit une autre sœur;
Une troisieme entre dans la carriere :
Nulle ne veut demeurer en arriere;
Presse se met pour n'être la derniere.
Que dirai plus? Enfin l'impression
Qu'avoit l'abbesse encontre ce remede,
Sage rendue à tant d'exemples, cede.
Un jouvenceau fait l'opération
Sur la malade. Elle redevient rose,
Œillet, aurore, et si quelque autre chose
De plus riant se peut imaginer.
O doux remede! ô remede à donner!
Remede ami de mainte créature,
Ami des gens, ami de la nature,
Ami de tout, point-d'honneur excepté.
Point-d'honneur est une autre maladie;
Dans ses écrits madame Faculté
N'en parle point. Que de maux en la vie!

LES TROQUEURS

Le changement de mets réjouit l'homme :
Quand je dis l'homme, entendez qu'en ceci
La femme doit être comprise aussi ;
Et ne sçais pas comme il ne vient de Rome
Permission de troquer en hymen ;
Non si souvent qu'on en auroit envie,
Mais tout au moins une fois en sa vie.
Peut-être un jour nous l'obtiendrons ; amen,
Ainsi soit-il. Semblable indult en France
Viendroit fort bien, j'en réponds ; car nos gens
Sont grands troqueurs. Dieu nous créa changeans.
Près de Rouen, pays de sapience,
Deux villageois avoient chacun chez soi
Forte femelle, et d'assez bon aloi
Pour telles gens qui n'y raffinent guere.
Chacun sçait bien qu'il n'est pas nécessaire
Qu'amour les traite ainsi que des prélats :
Avint pourtant que tous deux étant las
De leurs moitiés, leur voisin le notaire
Un jour de fête avec eux chopinoit.
Un des manans lui dit : Sire Oudinet,
J'ai dans l'esprit une plaisante affaire :
Vous avez fait sans doute en votre tems

Plusieurs contrats de diverse nature ;
Ne peut-on point en faire un où les gens
Troquent de femme ainsi que de monture ?
Notre pasteur a bien changé de cure :
La femme est-elle un cas si différent ?
Et pargué non ; car messire Grégoire
Disoit toujours, si j'ai bonne mémoire :
Mes brebis sont ma femme ; cependant
Il a changé : changeons aussi, compere.
Très-volontiers, reprit l'autre manant ;
Mais tu sçais bien que notre ménagere
Est la plus belle : or ça, sire Oudinet,
Sera-ce trop, s'il donne son mulet
Pour le retour ? Mon mulet ! et parguenne,
Dit le premier des villageois susdits,
Chacune vaut en ce monde son prix ;
La mienne ira but à but pour la tienne :
On ne regarde aux femmes de si près.
Point de retour ; vois-tu, compere Etienne,
Mon mulet, c'est... c'est le roi des mulets.
Tu ne devrois me demander mon ane
Tant seulement : troc pour troc, touche là.
Sire Oudinet, raisonnant sur cela,
Dit : Il est vrai que Tiennette a sur Jeanne
De l'avantage, à ce qu'il semble aux gens ;

Mais le meilleur de la bête, à mon sens,
N'est ce qu'on voit : femmes ont maintes choses
Que je préfere, et qui sont lettres closes.
Femmes aussi trompent assez souvent :
Jà ne les faut éplucher trop avant.
Or sus, voisins, faisons les choses nettes.
Vous ne voulez chat en poche donner
Ni l'un ni l'autre; allons donc confronter
Vos deux moitiés comme Dieu les a faites.
L'expédient fut approuvé de tous.
Trop bien voilà messieurs les deux époux
Qui sur ce point triomphent de s'étendre :
Tiennette n'a ni surot, ni malandre,
Dit le second. Jeanne, dit le premier,
A le corps net comme un petit denier;
Ma foi, c'est bâme. Et Tiennette est ambroise,
Dit son époux; telle je la maintien.
L'autre reprit : Compere, tiens-toi bien;
Tu ne connois Jeanne ma villageoise :
Je t'avertis qu'à ce jeu... m'entends-tu?
L'autre manant jura, par la vertu,
Tiennette et moi nous n'avons qu'une noise,
C'est qui des deux y sçait de meilleurs tours;
Tu m'en diras quelques mots dans deux jours :
A toi, compere. Et de prendre la tasse,

Et de trinquer. Allons, sire Oudinet,
A Jeanne, top! puis à Tiennette, masse!
Somme qu'enfin la soute du mulet
Fut accordée, et voilà marché fait.
Notre notaire assura l'un et l'autre
Que tels traités alloient leur grand chemin.
Sire Oudinet étoit un bon apôtre
Qui se fit bien payer son parchemin.
Par qui, payer? par Jeanne et par Tiennette :
Il ne voulut rien prendre des maris.
Les villageois furent tous deux d'avis
Que pour un temps la chose fût secrette;
Mais il en vint au curé quelque vent.
Il prit aussi son droit; je n'en assure
Et n'y étois; mais la vérité pure
Est que curés y manquent peu souvent.
Le clerc non plus ne fit du sien remise :
Rien ne se perd entre les gens d'église.
Les permuteurs ne pouvoient bonnement
Exécuter un pareil changement
Dans ce village, à moins que de scandale :
Ainsi bien tôt l'un et l'autre détale,
Et va planter le piquet en un lieu
Où tout fut bien d'abord, moyennant Dieu :
C'étoit plaisir que de les voir ensemble.

Les femmes même, à l'envi des maris,
S'entredisoient en leurs menus devis :
Bon fait troquer, commere, à ton avis ?
Si nous troquions de valet ? que t'en semble ?
Ce dernier troc, s'il se fit, fut secret.
L'autre d'abord eut un très-bon effet.
Le premier mois très-bien ils s'en trouverent ;
Mais à la fin nos gens se dégoûterent.
Compere Etienne, ainsi qu'on peut penser,
Fut le premier des deux à se lasser,
Pleurant Tiennette : il y perdoit sans doute.
Compere Gille eut regret à sa soute.
Il ne voulut retroquer toutefois.
Qu'en avint-il ? Un jour, parmi les bois,
Etienne vit toute fine seulette,
Près d'un ruisseau, sa défunte Tiennette,
Qui par hazard dormoit sous la coudrette.
Il s'approcha, l'éveillant en sursaut.
Elle du troc ne se souvint pour l'heure ;
Dont le galant, sans plus longue demeure,
En vint au point. Bref, ils firent le saut.
Le conte dit qu'il la trouva meilleure
Qu'au premier jour. Pourquoi cela ? pourquoi ?
Belle demande ! en l'amoureuse loi,
Pain qu'on dérobe et qu'on mange en cachette,

Vaut mieux que pain qu'on cuit ou qu'on achette
Je m'en rapporte aux plus savans que moi.
Il faut pourtant que la chose soit vraie,
Et qu'après tout, Hyménée et l'Amour
Ne soient pas gens à cuire en même four;
Témoin l'ébat qu'on prit sous la coudraie.
On y fit chere; il ne s'y servit plat
Où maître Amour, cuisinier délicat,
Et plus friand que n'est maître Hyménée,
N'eût mis la main. Tiennette retournée,
Compere Etienne, homme neuf en ce fait,
Dit à part soi : Gille a quelque secret ;
J'ai retrouvé Tiennette plus jolie
Qu'elle ne fut onc en jour de sa vie.
Reprenons-la : faisons tour de Normand;
Dédisons-nous; usons du privilege.
Voilà l'exploit qui trotte incontinent,
Aux fins de voir le troc et changement
Déclaré nul, et cassé nettement.
Gille assigné de son mieux se défend.
Un Promoteur intervient pour le siege
Episcopal, et vendique le cas.
Grand bruit par tout, ainsi que d'ordinaire :
Le Parlement évoque à soi l'affaire.
Sire Oudinet, le faiseur de contrats,

Est amené : l'on l'entend sur la chose.
Voilà l'état où l'on dit qu'est la cause ;
Car c'est un fait arrivé depuis peu.
Pauvre ignorant que le compere Etienne !
Contre ses fins cet homme en premier lieu
Va de droit fil ; car s'il prit à ce jeu
Quelque plaisir, c'est qu'alors la chrétienne
N'étoit à lui : le bon sens vouloit donc
Que pour toujours il la laissât à Gille ;
Sauf la coudraie, où Tiennette, dit-on,
Alloit souvent en chantant sa chanson :
L'y rencontrer étoit chose facile.
Et supposé que facile ne fût,
Falloit qu'alors son plaisir d'autant crût.
Mais allez-moi prêcher cette doctrine
A des manans : ceux-ci pourtant avoient
Fait un bon tour, et très-bien s'en trouvoient :
Sans le dédit, c'étoit piéce assez fine
Pour en devoir l'exemple à d'autres gens.
J'ai grand regret de n'en avoir les gans !

LE CAS DE CONSCIENCE

ES gens du pays des fables
Donnent ordinairement
Noms et titres agréables
Assez libéralement.
Cela ne leur coûte guere ;
Tout leur est nymphe ou bergere,
Et déesse bien souvent.
Horace n'y faisoit faute :
Si la servante de l'hôte
Au lit de notre homme alloit,
C'étoit aussi-tôt Ilie,
C'étoit la nymphe Egérie,
C'étoit tout ce qu'on vouloit.
Dieu, par sa bonté profonde,
Un beau jour mit dans le monde
Apollon son serviteur,
Et l'y mit justement comme
Adam le nomenclateur,
Lui disant : Te voilà, nomme.
Suivant cette antique loi,
Nous sommes parrains du roi.

De ce privilege insigne,
Moi, faiseur de vers indigne,
Je pourrois user aussi
Dans les contes que voici;
Et s'il me plaisoit de dire,
Au lieu d'Anne, Sylvanire,
Et pour messire Thomas,
Le grand druide Adamas,
Me mettroit-on à l'amende?
Non : mais, tout considéré,
Le présent conte demande
Qu'on dise Anne et le Curé.
ANNE, puisqu'ainsi va, passoit dans son village
  Pour la perle et le parangon.
  Etant un jour près d'un rivage,
  Elle vit un jeune garçon
Se baigner nud. La fillette étoit drue,
Honnête toutefois. L'objet plut à sa vue.
Nuls défauts ne pouvoient être au gars reprochés :
Puis, dès auparavant aimé de la bergere,
Quand il en auroit eu, l'Amour les eût cachés;
Jamais tailleur n'en sçut mieux que lui la maniere.
Anne ne craignoit rien : des saules la couvroient,
  Comme eût fait une jalousie :
Çà et là ses regards en liberté couroient

Où les portoit leur fantaisie ;
Çà et là, c'est-à-dire aux différens attraits
　　　Du garçon au corps jeune et frais,
Blanc, poli, bien formé, de taille haute et droite,
　　　Digne enfin des regards d'Annette.
　　　D'abord une honte secrette
　　　La fit quatre pas reculer ;
　　　L'amour huit autres avancer :
Le scrupule survint, et pensa tout gâter.
　　　Anne avoit bonne conscience :
Mais comment s'abstenir ? est-il quelque défense
　　　Qui l'emporte sur le desir,
Quand le hazard fait naître un sujet de plaisir ?
La belle à celui-ci fit quelque résistance.
　　　A la fin, ne comprenant pas
　　　Comme on peut pécher de cent pas,
Elle s'assit sur l'herbe ; et, très-fort attentive,
　　　Annette la contemplative
Regarda de son mieux. Quelqu'un n'a-t-il point vu
　　　Comme on dessine sur nature ?
　　　On vous campe une créature,
Une Eve, ou quelque Adam, j'entens un objet nu ;
Puis force gens assis comme notre bergere
Font un crayon conforme à cet original.
Au fond de sa mémoire Anne en sçut fort bien faire

Un qui ne ressembloit pas mal.
Elle y seroit encor, si Guillot (c'est le sire)
Ne fût sorti de l'eau. La belle se retire
A propos : l'ennemi n'étoit plus qu'à vingt pas,
Plus fort qu'à l'ordinaire ; et c'eût été grand cas
    Qu'après de semblables idées,
    Amour en fût demeuré là :
    Il comptoit pour siennes déja
    Les faveurs qu'Anne avoit gardées.
Qui ne s'y fût trompé ? plus je songe à cela,
Moins je le puis comprendre. Anne, la scrupuleuse,
N'osa, quoi qu'il en soit, le garçon régaler ;
Ne laissant pas pourtant de récapituler
Les points qui la rendoient encor toute honteuse.
Pâques vint, et ce fut un nouvel embarras.
Anne, faisant passer ses péchés en revue,
Comme un passe-volant mit en un coin ce cas;
    Mais la chose fut appercue.
    Le curé messire Thomas
Sçut relever le fait ; et comme l'on peut croire,
En confesseur exact il fit conter l'histoire,
Et circonstancier le tout fort amplement,
    Pour en connoitre l'importance,
Puis faire aucunement cadrer la pénitence,
Chose où ne doit errer un confesseur prudent.

> Celui-ci mal-mena la belle.
Être dans ses regards à tel point sensuelle !
> C'est, dit-il, un très-grand péché.
Autant vaut l'avoir vu que de l'avoir touché.
> Cependant la peine imposée
> Fut à souffrir assez aisée.
Je n'en parlerai point; seulement on sçaura
Que messieurs les curés, en tous ces cantons-là,
Ainsi qu'au nôtre, avoient des dévots et dévotes,
> Qui pour l'examen de leurs fautes
Leur payoient un tribut; qui plus qui moins, selon
> Que le compte à rendre étoit long.
Du tribut de cet an Anne étant soucieuse,
Arrive que Guillot pêche un brochet fort grand :
> Tout aussi-tôt le jeune amant
Le donne à sa maitresse; elle toute joyeuse
> Le va porter du même pas
> Au curé messire Thomas.
Il reçoit le présent, il l'admire, et le drôle
> D'un petit coup sur l'épaule
> La fillette régala,
> Lui sourit, lui dit : Voilà
> Mon fait; joignant à cela
> D'autres petites affaires.
C'étoit jour de calende, et nombre de confreres

Devoient diner chez lui. Voulez-vous doublement
    M'obliger? dit-il à la belle.
Accommodez chez vous ce poisson promptement,
    Puis l'apportez incontinent;
    Ma servante est un peu nouvelle.
Anne court; et voilà les prêtres arrivés.
Grand bruit, grande cohue; en cave on se transporte;
    Aucuns des vins sont approuvés;
    Chacun en raisonne à sa sorte.
    On met sur table; et le doyen
Prend place, en saluant toute la compagnie.
Raconter leurs propos seroit chose infinie;
    Puis le lecteur s'en doute bien.
On permuta cent fois, sans permuter pas une.
Santés, Dieu sçait combien; chacun à sa chacune
But en faisant de l'œil; nul scandale : on servit
Potage, menus mets, et même jusqu'au fruit,
Sans que le brochet vînt : tout le diner s'acheve
Sans brochet, pas un brin. Guillot, sçachant ce don,
L'avoit fait rétracter pour plus d'une raison.
Légere de brochet la troupe enfin se leve.
Qui fut bien étonné? qu'on le juge : il alla
    Dire ceci, dire cela
    A madame Anne le jour même;
L'appela cent fois sotte; et dans sa rage extrême,

Lui pensa reprocher l'aventure du bain.
Traiter votre curé, dit-il, comme un coquin !
Pour qui nous prenez-vous ? Pasteurs sont-ce canailles ?
　　Alors, par droit de représailles,
　　Anne dit au prêtre outragé :
Autant vaut l'avoir vu que de l'avoir mangé.

LE DIABLE DE PAPEFIGUIERE

MAITRE François dit que Papimanie
Est un pays où les gens sont heureux.
Le vrai dormir ne fut fait que pour eux ;
Nous n'en avons ici que la copie.
Et par saint Jean, si Dieu me prête vie,
Je le verrai ce pays où l'on dort :
On y fait plus, on n'y fait nulle chose ;
C'est un emploi que je recherche encor.
Ajoutez-y quelque petite dose
D'amour honnête, et puis me voilà fort.
Tout au rebours, il est une province
Où les gens sont haïs, maudits de Dieu.
On les connoît à leur visage mince :
Le long dormir est exclus de ce lieu.
Partant, lecteurs, si quelqu'un se présente
A vos regards, ayant face riante,
Couleur vermeille, et visage replet,
Dire pourrez, sans que l'on vous condamne :
Cettui me semble à le voir Papimane.
Si d'autre part celui que vous verrez
N'a l'œil riant, le corps rond, le teint frais,
Sans hésiter qualifiez cet homme

Papefiguier. Papefigue se nomme
L'isle et province où les gens autrefois
Firent la figue au portrait du saint pere :
Punis en sont; rien chez eux ne prospere;
Ainsi nous l'a conté maître François.
L'isle fut lors donnée en appanage
A Lucifer : c'est sa maison des champs.
On voit courir par tout cet héritage
Ses commensaux, rudes à pauvres gens;
Peuple ayant queue, ayant cornes et griffes,
Si maints tableaux ne sont point apocryphes.
Avint un jour qu'un de ces beaux Messieurs
Vit un manant rusé, des plus trompeurs,
Verser un champ dans l'isle dessus dite.
Bien paroissoit la terre être maudite;
Car le manant avec peine et sueur
La retournoit, et faisoit son labeur.
Survient un diable, à titre de seigneur.
Ce diable étoit des gens de l'Evangile,
Simple, ignorant, à tromper très-facile,
Bon gentilhomme, et qui dans son courroux
N'avoit encor tonné que sur les choux :
Plus ne sçavoit apporter de dommage.
Vilain, dit-il, vaquer à nul ouvrage
N'est mon talent; je suis un diable issu

De noble race, et qui n'a jamais sçu
Se tourmenter ainsi que font les autres.
Tu sçais, vilain, que tous ces champs sont nôtres.
Ils sont à nous dévolus par l'édit
Qui mit jadis cette isle en interdit.
Vous y vivez dessous notre police.
Partant, vilain, je puis avec justice
M'attribuer tout le fruit de ce champ;
Mais je suis bon, et veux que dans un an
Nous partagions, sans noise et sans querelle.
Quel grain veux-tu répandre dans ces lieux?
Le manant dit: Monseigneur, pour le mieux
Je crois qu'il faut les couvrir de touzelle,
Car c'est un grain qui vient fort aisément.
Je ne connois ce grain-là nullement,
Dit le lutin; comment dis-tu? touzelle?
Mémoire n'ai d'aucun grain qui s'appelle
De cette sorte: or emplis-en ce lieu;
Touzelle soit, touzelle de par dieu!
J'en suis content. Fais donc vîte, et travaille;
Manant, travaille, et travaille, vilain:
Travailler est le fait de la canaille;
Ne t'attends pas que je t'aide un seul brin,
Ni que par moi ton labeur se consomme:
Je t'ai jà dit que j'étois gentilhomme,

Né pour chommer, et pour ne rien sçavoir.
Voici comment ira notre partage :
Deux lots seront, dont l'un, c'est à sçavoir
Ce qui hors terre et dessus l'héritage
Aura poussé, demeurera pour toi ;
L'autre dans terre est réservé pour moi.
L'oût arrivé, la touzelle est sciée,
Et tout d'un temps sa racine arrachée,
Pour satisfaire au lot du diableteau.
Il y croyoit la semence attachée,
Et que l'épi, non plus que le tuyau,
N'étoit qu'une herbe inutile et séchée.
Le laboureur vous la serra très-bien.
L'autre au marché porta son chaume vendre :
On le hua ; pas un n'en offrit rien :
Le pauvre diable étoit prêt à se pendre.
Il s'en alla chez son co-partageant :
Le drôle avoit la touzelle vendue,
Pour le plus sûr, en gerbe et non battue,
Ne manquant pas de bien cacher l'argent.
Bien le cacha : le diable en fut la dupe.
Coquin, dit-il, tu m'as joué d'un tour ;
C'est ton métier : je suis diable de cour
Qui, comme vous, à tromper ne m'occupe.
Quel grain veux-tu semer pour l'an prochain ?

Le manant dit : Je crois qu'au lieu de grain,
Planter me faut ou navets ou carottes;
Vous en aurez, Monseigneur, pleines hottes;
Si mieux n'aimez raves dans la saison.
Raves, navets, carottes, tout est bon,
Dit le lutin : mon lot sera hors terre;
Le tien dedans. Je ne veux point de guerre
Avecque toi, si tu ne m'y contraints.
Je vais tenter quelques jeunes nonnains.
L'auteur ne dit ce que firent les nonnes.
Le temps venu de recueillir encor,
Le manant prend raves belles et bonnes;
Feuilles sans plus tombent pour tout trésor
Au diableteau, qui l'épaule chargée
Court au marché. Grande fut la risée :
Chacun lui dit son mot cette fois-là.
Monsieur le diable, où croît cette denrée?
Où mettrez-vous ce qu'on en donnera?
Plein de courroux et vuide de pécune,
Léger d'argent et chargé de rancune,
Il va trouver le manant qui rioit
Avec sa femme, et se solacioit.
Ah! par la mort, par le sang, par la tête,
Dit le démon, il le paira par bieu.
Vous voici donc, Phlipot la bonne bête;

Çà, çà, galons-le en enfant de bon lieu.
Mais il vaut mieux remettre la partie;
J'ai sur les bras une dame jolie
A qui je dois faire franchir le pas.
Elle le veut, et puis ne le veut pas.
L'époux n'aura dedans la confrairie
Si-tôt un pied, qu'à vous je reviendrai,
Maître Phlipot, et tant vous galerai
Que ne jouerez ces tours de votre vie.
A coups de griffe il faut que nous voyons
Lequel aura de nous deux belle amie,
Et jouira du fruit de ces sillons.
Prendre pourrois d'autorité suprême
Touzelle et grain, champ et rave, enfin tout;
Mais je les veux avoir par le bon bout.
N'espérez plus user de stratagême.
Dans huit jours d'hui je suis à vous, Phlipot;
Et touchez là, ceci sera mon arme.
Le villageois, étourdi du vacarme,
Au farfadet ne put répondre un mot.
Perrette en rit; c'étoit sa ménagere,
Bonne galante en toutes les façons,
Et qui sçut plus que garder les moutons,
Tant qu'elle fut en âge de bergere.
Elle lui dit: Phlipot, ne pleure point;

Je veux d'ici renvoyer de tout point
Ce diableteau: c'est un jeune novice
Qui n'a rien vu; je t'en tirerai hors :
Mon petit doigt sçauroit plus de malice,
Si je voulois, que n'en sçait tout son corps.
Le jour venu, Phlipot, qui n'étoit brave,
Se va cacher, non point dans une cave;
Trop bien va-t-il se plonger tout entier
Dans un profond et large bénitier.
Aucun démon n'eût sçu par où le prendre,
Tant fût subtil; car d'étoles, dit-on,
Il s'affubla le chef, pour s'en défendre,
S'étant plongé dans l'eau jusqu'au menton.
Or le laissons; il n'en viendra pas faute.
Tout le clergé chante autour à voix haute
Vade retro. Perrette cependant
Est au logis, le lutin attendant.
Le lutin vient : Perrette échevelée
Sort, et se plaint de Phlipot en criant:
Ah le bourreau, le traître, le méchant!
Il m'a perdue, il m'a toute affolée.
Au nom de Dieu, monseigneur, sauvez-vous ;
A coups de griffe il m'a dit en courroux
Qu'il se devoit contre votre Excellence
Battre tantôt, et battre à toute outrance.

Pour s'éprouver, le perfide m'a fait
Cette balafre. A ces mots au folet
Elle fait voir... Et quoi? chose terrible.
Le diable en eut une peur tant horrible,
Qu'il se signa, pensá presque tomber :
Onc n'avoit vu, ne lu, n'ouï conter
Que coups de griffe eussent semblable forme.
Bref aussitôt qu'il apperçut l'énorme
    Solution de continuité,
Il demeura si fort épouvanté
Qu'il prit la fuite et laissa là Perrette.
Tous les voisins chommerent la défaite
De ce démon: le clergé ne fut pas
Des plus tardifs à prendre part au cas.

FÉRONDE

OU LE PURGATOIRE

VERS le levant, le Vieil de la Montagne
Se rendit craint par un moyen nouveau.
Craint n'étoit-il pour l'immense campagne
Qu'il possedât, ni pour aucun monceau
D'or ou d'argent; mais parce qu'au cerveau
De ses sujets il imprimoit des choses
Qui de maint fait courageux étoient causes.
Il choisissoit entre eux les plus hardis,
Et leur faisoit donner du paradis
Un avant-goût à leurs sens perceptible,
Du paradis de son législateur;
Rien n'en a dit ce prophète menteur
Qui ne devînt très-croyable et sensible
A ces gens-là: comment s'y prenoit-on?
On les faisoit boire tous de façon
Qu'ils s'enivroient, perdoient sens et raison.
En cet état, privés de connoissance,
On les portoit en d'agréables lieux:
Ombrages frais, jardins délicieux;
Là se trouvoient tendrons en abondance.

Plus que maillés, et beaux par excellence :
Chaque réduit en avoit à couper.
Si se venoient joliment attrouper
Près de ces gens qui, leur boisson cuvée,
S'émerveilloient de voir cette couvée,
Et se croyoient habitans devenus
Des champs heureux qu'assigne à ses élus
Le faux Mahom. Lors de faire accointance,
Turcs d'approcher, tendrons d'entrer en danse,
Au gazouillis des ruisseaux de ces bois,
Au son des luts accompagnant les voix
Des rossignols : il n'est plaisir au monde
Qu'on ne goutât dedans ce paradis.
Les gens trouvoient en son charmant pourpris
Les meilleurs vins de la machine ronde ;
Dont ne manquoient encor de s'enivrer,
Et de leurs sens perdre l'entier usage.
On les faisoit aussitôt reporter
Au premier lieu de tout ce tripotage.
Qu'arrivoit-il ? ils croyoient fermement
Que quelque jour de semblables délices
Les attendoient, pourvu que hardiment,
Sans redouter la mort ni les supplices,
Ils fissent chose agréable à Mahom,
Servant leur prince en toute occasion.

Par ce moyen leur prince pouvoit dire
Qu'il avoit gens à sa dévotion,
Déterminés, et qu'il n'étoit empire
Plus redouté que le sien ici bas.
Or ai-je été prolixe sur ce cas,
Pour confirmer l'histoire de Féronde.
FÉRONDE étoit un sot de par le monde,
Riche manant, ayant soin du tracas,
Dixmes et cens, revenus et ménage
D'un abbé blanc. J'en sçais de ce plumage
Qui valent bien les noirs, à mon avis,
En fait que d'être aux maris secourables,
Quand forte tâche ils ont en leur logis,
Si qu'il y faut moines et gens capables.
Au lendemain celui-ci ne songeoit,
Et tout son fait dès la veille mangeoit,
Sans rien garder, non plus qu'un droit apôtre ;
N'ayant autre œuvre, autre emploi, penser autre,
Que de chercher où gisoient les bons vins,
Les bons morceaux, et les bonnes commeres,
Sans oublier les gaillardes nonnains,
Dont il faisoit peu de part à ses freres.
Féronde avoit un joli chaperon
Dans son logis, femme sienne, et dit-on
Que parentelle étoit entre la dame

Et notre abbé ; car son prédécesseur,
Oncle et parrain, dont Dieu veuille avoir l'ame,
En étoit pere, et la donna pour femme
A ce manant, qui tint à grand honneur
De l'épouser. Chacun sçait que de race
Communément fille bâtarde chasse :
Celle-ci donc ne fit mentir le mot.
Si n'étoit pas l'époux homme si sot
Qu'il n'en eût doute, et ne vît en l'affaire
Un peu plus clair qu'il n'étoit nécessaire.
Sa femme alloit toujours chez le prélat;
Et prétextoit ses allées et venues
Des soins divers de cet économat.
Elle alléguoit mille affaires menues.
C'étoit un compte, ou c'étoit un achat;
C'étoit un rien; tant peu plaignoit sa peine.
Bref il n'étoit nul jour en la semaine,
Nulle heure au jour, qu'on ne vît en ce lieu
La receveuse. Alors le pere en Dieu
Ne manquoit pas d'écarter tout son monde :
Mais le mari qui se doutoit du tour
Rompoit les chiens, ne manquant au retour
D'imposer mains sur madame Féronde.
Onc il ne fut un moins commode époux.
Esprits ruraux volontiers sont jaloux.

Et sur ce point à chausser difficiles,
N'étant pas faits aux coutumes des villes.
Monsieur l'abbé trouvoit cela bien dur,
Comme prélat qu'il étoit; partant homme,
Fuyant la peine, aimant le plaisir pur,
Ainsi que fait tout bon suppôt de Rome.
Ce n'est mon goût : je ne veux de plein saut
Prendre la ville, aimant mieux l'escalade,
En amour dà, non en guerre; il ne faut
Prendre ceci pour guerriere bravade,
Ni m'enrôler là-dessus malgré moi.
Que l'autre usage ait la raison pour soi,
Je m'en rapporte, et reviens à l'histoire
Du receveur qu'on mit en purgatoire
Pour le guérir, et voici comme quoi.
Par le moyen d'une poudre endormante
L'abbé le plonge en un très-long sommeil.
On le croit mort, on l'enterre, l'on chante :
Il est surpris de voir à son réveil,
Autour de lui, gens d'étrange maniere ;
Car il étoit au large dans sa biere,
Et se pouvoit lever dans ce tombeau
Qui conduisoit en un profond caveau.
D'abord la peur se saisit de notre homme.
Qu'est-ce cela? songe-t-il? est-il mort?

Seroit-ce point quelque espèce de sort?
Puis il demande aux gens comme on les nomme,
Ce qu'ils font là, d'où vient que dans ce lieu
L'on le retient, et qu'a-t-il fait à Dieu?
L'un d'eux lui dit : Console-toi, Féronde,
Tu te verras citoyen du haut monde,
Dans mille ans d'hui complets et bien comptés.
Auparavant il faut d'aucuns péchés
Te nettoyer en ce saint purgatoire.
Ton ame un jour plus blanche que l'ivoire
En sortira. L'ange consolateur
Donne à ces mots au pauvre receveur
Huit ou dix coups de forte discipline,
En lui disant : C'est ton humeur mutine,
Et trop jalouse, et déplaisante à Dieu,
Qui te retient pour mille ans en ce lieu.
Le receveur, s'étant frotté l'épaule,
Fait un soupir : mille ans! c'est bien du temps.
Vous noterez que l'ange étoit un drôle,
Un frere Jean, novice de léans :
Ses compagnons jouoient chacun un rôle
Pareil au sien, dessous un feint habit.
Le receveur requiert pardon, et dit :
Las, si jamais je rentre dans la vie,
Jamais soupçon, ombrage et jalousie

Ne rentreront dans mon maudit esprit :
Pourrois-je point obtenir cette grâce?
On la lui fait espérer; non sitôt :
Force est qu'un an dans ce séjour se passe;
Là cependant il aura ce qu'il faut
Pour sustenter son corps, rien davantage;
Quelque grabat, du pain pour tout potage,
Vingt coups de fouet chaque jour, si l'abbé,
Comme prélat rempli de charité,
N'obtient du Ciel qu'au moins on lui remette,
Non le total des coups, mais quelque quart,
Voire moitié, voire la plus grand'part.
Douter ne faut qu'il ne s'en entremette,
A ce sujet disant mainte oraison.
L'ange en après lui fait un long sermon :
A tort, dit-il, tu conçus du soupçon;
Les gens d'église ont-ils de ces pensées?
Un abbé blanc! c'est trop d'ombrage avoir;
Il n'écherroit que dix coups pour un noir.
Défais-toi donc de tes erreurs passées.
Il s'y résout. Qu'eût-il fait? Cependant
Sire prélat et madame Féronde
Ne laissent perdre un seul petit moment.
Le mari dit : Que fait ma femme au monde?
Ce qu'elle y fait? tout bien. Notre prélat

L'a consolée, et ton économat
S'en va son train, toujours à l'ordinaire.
Dans le couvent toujours a-t-elle affaire?
Où donc? il faut qu'ayant seule à présent
Le faix entier sur soi, la pauvre femme,
Bon gré, mal gré, léans aille souvent,
Et plus encor que pendant ton vivant.
Un tel discours ne plaisoit point à l'ame :
Ame j'ai cru le devoir appeler,
Ses pourvoyeurs ne le faisant manger
Ainsi qu'un corps. Un mois à cette épreuve
Se passe entier, lui jeûnant, et l'abbé
Multipliant œuvres de charité,
Et mettant peine à consoler la veuve.
Tenez pour sûr qu'il y fit de son mieux.
Son soin ne fut long-temps infructueux :
Pas ne semoit en une terre ingrate.
Pater Abbas, avec juste sujet,
Appréhenda d'être pere en effet.
Comme il n'est bon que telle chose éclate,
Et que le fait ne puisse être nié,
Tant et tant fut par sa paternité
Dit d'oraisons, qu'on vit du purgatoire
L'ame sortir, légere, et n'ayant pas
Once de chair. Un si merveilleux cas

Surprit les gens : beaucoup ne vouloient croire
Ce qu'ils voyoient. L'abbé passa pour saint.
L'époux pour sien le fruit posthume tint,
Sans autrement de calcul oser faire.
Double miracle étoit en cette affaire,
Et la grossesse, et le retour du mort.
On en chanta *Te Deums* à renfort.
Stérilité régnoit en mariage
Pendant cet an ; et même au voisinage
De l'abbaye, encor bien que léans
On se vouât pour obtenir enfans.
A tant laissons l'économe et sa femme ;
Et ne soit dit que nous autres époux
Nous méritions ce qu'on fit à cette ame,
Pour la guérir de ses soupçons jaloux.

LE PSAUTIER

Nonnes, souffrez pour la derniere fois
Qu'en ce recueil malgré moi je vous place.
De vos bons tours les contes ne sont froids.
Leur aventure a ne sçais quelle grace
Qui n'est ailleurs : ils emportent les voix.
Encore un donc, et puis c'en seront trois.
Trois ? je faux d'un ; c'en seront au moins quatre.
Contons-les bien. Mazet le compagnon.
L'Abbesse ayant besoin d'un bon garçon
Pour la guérir d'un mal opiniâtre.
Ce conte-ci, qui n'est le moins fripon.
Quant à sœur Jeanne ayant fait un poupon,
Je ne tiens pas qu'il la faille rabattre.
Les voilà tous; quatre, c'est compte rond.
Vous me direz : C'est une étrange affaire
Que nous ayons tant de part en ceci.
Que voulez-vous ? je n'y sçaurois que faire :
Ce n'est pas moi qui le souhaite ainsi.
Si vous teniez toujours votre bréviaire,
Vous n'auriez rien à démêler ici.
Mais ce n'est pas votre plus grand souci.
Passons donc vîte à la présente histoire.
Dans un couvent de nonnes fréquentoit

Un jouvenceau friand, comme on peut croire,
De ces oiseaux. Telle pourtant prenoit
Goût à le voir, et des yeux le couvoit,
Lui sourioit, faisoit la complaisante,
Et se disoit sa très-humble servante,
Qui pour cela d'un seul point n'avançoit.
Le conte dit que léans il n'étoit
Vieille ni jeune à qui le personnage
Ne fît songer quelque chose à part soi.
Soupirs trottoient; bien voyoit le pourquoi,
Sans qu'il s'en mît en peine davantage.
Sœur Isabeau seule pour son usage
Eut le galant : elle le méritoit.
Douce d'humeur, gentille de corsage,
Et n'en étant qu'à son apprentissage,
Belle de plus; ainsi l'on envioit,
Pour deux raisons, son amant et ses charmes.
Dans ses amours chacune l'épioit :
Nul bien sans mal, nul plaisir sans alarmes.
Tant et si bien l'épierent les sœurs,
Qu'une nuit sombre, et propre à ces douceurs
Dont on confie aux ombres le mystère,
En sa cellule on ouït certains mots,
Certaine voix, enfin certains propos
Qui n'étoient pas sans doute en son bréviaire.

C'est le galant, ce dit-on : il est pris;
Et de courir : l'alarme est aux esprits;
L'essaim frémit; sentinelle se pose.
On va conter en triomphe la chose
A mere abbesse; et heurtant à grands coups,
On lui cria : Madame, levez-vous;
Sœur Isabelle a dans sa chambre un homme.
Vous noterez que Madame n'étoit
En oraison, ni ne prenoit son somme :
Trop bien alors dans son lit elle avoit
Messire Jean, curé du voisinage.
Pour ne donner aux sœurs aucun ombrage,
Elle se leve en hâte, étourdiment,
Cherche son voile, et malheureusement
Dessous sa main tombe du personnage
Le haut-de-chausse, assez bien ressemblant,
Pendant la nuit, quand on n'est éclairée,
A certain voile aux nonnes familier,
Nommé pour lors entre elles leur psautier.
La voilà donc des gregues affublée.
Ayant sur soi ce nouveau couvre-chef;
Et s'étant fait raconter derechef
Tout le catus, elle dit irritée :
Voyez un peu la petite effrontée,
Fille du diable, et qui nous gâtera

Notre couvent. Si Dieu plait, ne fera :
S'il plait à Dieu, bon ordre s'y mettra :
Vous la verrez tantôt bien chapitrée.
Chapitre donc, puisque chapitre y a,
Fut assemblé. Mere abbesse entourée
De son sénat fait venir Isabeau,
Qui s'arrosoit de pleurs tout le visage,
Se souvenant qu'un maudit jouvenceau
Venoit d'en faire un différent usage.
Quoi, dit l'abbesse, un homme dans ce lieu !
Un tel scandale en la maison de Dieu !
N'êtes-vous point morte de honte encore ?
Qui nous a fait recevoir parmi nous
Cette voirie ? Isabeau, sçavez-vous
(Car désormais qu'ici l'on vous honore
Du nom de sœur, ne le prétendez pas),
Sçavez-vous, dis-je, à quoi dans un tel cas
Notre institut condamne une méchante ?
Vous l'apprendrez devant qu'il soit demain.
Parlez, parlez. Lors la pauvre nonnain,
Qui jusques-là, confuse et repentante,
N'osoit branler, et la vue abaissoit,
Leve les yeux, par bonheur apperçoit
Le haut-de-chausse, à quoi toute la bande,
Par un effet d'émotion trop grande,

N'avoit pris garde, ainsi qu'on voit souvent.
Ce fut hazard qu'Isabelle à l'instant
S'en apperçut. Aussitôt la pauvrette
Reprend courage, et dit tout doucement :
Votre psautier a ne sçais quoi qui pend;
Raccommodez-le. Or c'étoit l'éguillette :
Assez souvent pour bouton on s'en sert.
D'ailleurs ce voile avoit beaucoup de l'air
D'un haut-de-chausse ; et la jeune nonnette,
Ayant l'idée encor fraîche des deux,
Ne s'y méprit : non pas que le messire
Eût chausse faite ainsi qu'un amoureux,
Mais à peu près ; cela devoit suffire.
L'abbesse dit : Elle ose encore rire !
Quelle insolence ! un péché si honteux
Ne la rend pas plus humble et plus soumise !
Veut-elle point que l'on la canonise ?
Laissez mon voile, esprit de Lucifer :
Songez, songez, petit tison d'enfer,
Comme on pourra raccommoder votre ame.
Pas ne finit mere abbesse sa game
Sans sermoner et tempêter beaucoup.
Sœur Isabeau lui dit encore un coup :
Raccommodez votre psautier, madame.
Tout le troupeau se met à regarder.

Jeunes de rire, et vieilles de gronder.
La voix manquant à notre sermoneuse,
Qui de son troc bien fâchée et honteuse,
N'eut pas le mot à dire en ce moment,
L'essaim fit voir par son bourdonnement
Combien rouloient de diverses pensées
Dans les esprits. Enfin l'abbesse dit :
Devant qu'on eût tant de voix ramassées,
Il seroit tard ; que chacune en son lit
S'aille remettre. A demain toute chose.
Le lendemain ne fut tenu, pour cause,
Aucun chapitre ; et le jour ensuivant
Tout aussi peu. Les sages du couvent
Furent d'avis que l'on se devoit taire ;
Car trop d'éclat eût pu nuire au troupeau.
On n'en vouloit à la pauvre Isabeau
Que par envie ; ainsi, n'ayant pu faire
Qu'elle lâchât aux autres le morceau,
Chaque nonnain, faute de jouvenceau,
Songe à pourvoir d'ailleurs à son affaire.
Les vieux amis reviennent de plus beau.
Par préciput à notre belle on laisse
Le jeune fils, le pasteur à l'abbesse ;
Et l'union alla jusques au point
Qu'on en prêtoit à qui n'en avoit point.

LE ROI CANDAULE
ET
LE MAITRE EN DROIT

Force gens ont été l'instrument de leur mal :
Candaule en est un témoignage.
Ce roi fut en sottise un très-grand personnage.
Il fit pour Gygès son vassal
Une galanterie imprudente et peu sage.
Vous voyez, lui dit-il, le visage charmant
Et les traits délicats dont la reine est pourvue :
Je vous jure ma foi que l'accompagnement
Est d'un tout autre prix, et passe infiniment :
Ce n'est rien à qui ne l'a vue
Toute nue.
Je vous la veux montrer, sans qu'elle en sçache rien,
Car j'en sçais un très-bon moyen :
Mais à condition... Vous m'entendez fort bien,
Sans que j'en dise davantage :
Gygès, il vous faut être sage.
Point de ridicule desir.
Je ne prendrois pas de plaisir
Aux vœux impertinens qu'une amour sotte et vaine
Vous feroit faire pour la reine.

Proposez-vous de voir tout ce corps si charmant
     Comme un beau marbre seulement.
Je veux que vous disiez que l'art, que la pensée,
Que même le souhait ne peut aller plus loin.
     Dedans le bain je l'ai laissée :
Vous êtes connoisseur ; venez être témoin
     De ma félicité suprême.
Ils vont. Gygès admire. Admirer, c'est trop peu.
     Son étonnement est extrême.
     Ce doux objet joua son jeu.
Gygès en fut ému, quelque effort qu'il pût faire.
     Il auroit voulu se taire,
Et ne point témoigner ce qu'il avoit senti ;
Mais son silence eût fait soupçonner du mystère.
L'exagération fut le meilleur parti.
     Il s'en tint donc pour averti ;
Et sans faire le fin, le froid, ni le modeste,
Chaque point, chaque article, eut son fait, fût loué.
Dieux, disoit-il au roi, quelle félicité !
Le beau corps ! le beau cuir ! O ciel ! et tout le reste.
     De ce gaillard entretien
     La reiné n'entendit rien ;
     Elle l'eût pris pour outrage :
     Car en ce siecle ignorant
     Le beau sexe étoit sauvage.

Il ne l'est plus maintenant,
Et des louanges pareilles
De nos dames d'à-présent
N'écorchent point les oreilles.
Notre examinateur soupiroit dans sa peau.
L'émotion croissoit, tant tout lui sembloit beau.
Le prince s'en doutant l'emmena ; mais son ame
Emporta cent traits de flamme,
Chaque endroit lança le sien.
Hélas ! fuir n'y sert de rien :
Tourmens d'amour font si bien
Qu'ils sont toujours de la suite.
Près du prince, Gygès eut assez de conduite ;
Mais de sa passion la reine s'apperçut :
Elle sçut
L'origine du mal : Le roi prétendant rire
S'avisa de lui tout dire.
Ignorant ! sçavoit-il point
Qu'une reine sur ce point
N'ose entendre raillerie ?
Et supposé qu'en son cœur
Cela lui plaise, elle rie,
Il lui faut pour son honneur
Contrefaire la furie.
Celle-ci le fut vraiment,

Et réserva dans soi-même
De quelque vengeance extrême
Le desir très-véhément.
Je voudrois pour un moment,
Lecteur, que tu fusses femme :
Tu ne sçaurois autrement
Concevoir jusqu'où la dame
Porta son secret dépit.
Un mortel eut le crédit
De voir de si belles choses,
A tous mortels lettres closes !
Tels dons étoient pour des dieux,
Pour des rois, voulois-je dire :
L'un et l'autre y vient de cire ;
Je ne sçais quel est le mieux.
Ces pensers incitoient la reine à la vengeance.
Honte, dépit, courroux, son cœur employa tout.
Amour même, dit-on, fut de l'intelligence :
  De quoi ne vient-il point à bout ?
Gygès étoit bien fait ; on l'excusa sans peine :
Sur le montreur d'appas tomba toute la haine.
  Il étoit mari ; c'est son mal.
  Et les gens de ce caractere
  Ne sçauroient en aucune affaire
Commettre de péché qui ne soit capital.

Qu'est-il besoin d'user d'un plus ample prologue?
Voilà le roi haï, voilà Gygès aimé ;
   Voilà tout fait et tout formé
   Un époux du grand catalogue ;
Dignité peu briguée, et qui fleurit pourtant.
La sottise du prince étoit d'un tel mérite,
Qu'il fut fait *in petto* confrere de Vulcan ;
De là jusqu'au bonnet la distance est petite :
Cela n'étoit que bien ; mais la Parque maudite
Fut aussi de l'intrigue, et sans perdre de tems
   Le pauvre roi par nos amans
   Fut député vers le Cocyte.
   On le fit trop boire d'un coup :
   Quelquefois, hélas ! c'est beaucoup.
    Bientôt un certain breuvage
    Lui fit voir le noir rivage,
    Tandis qu'aux yeux de Gygès
    S'étaloient de blancs objets :
    Car, fût-ce amour, fût-ce rage,
    Bientôt la reine le mit
    Sur le trône et dans son lit.
Mon dessein n'étoit pas d'étendre cette histoire,
On la sçavoit assez ; mais je me sçais bon gré,
   Car l'exemple a très-bien cadré :
Mon texte y va tout droit : même j'ai peine à croire

Que le docteur en lois dont je vais discourir
Puisse mieux que Candaule à mon but concourir.
Rome pour ce coup-ci me fournira la scène.
Rome, non celle-là que les mœurs du vieux tems
Rendoient triste, sévère, incommode aux galants,
  Et de sottes femelles pleine ;
Mais Rome d'aujourd'hui, séjour charmant et beau,
  Où l'on suit un train plus nouveau.
  Le plaisir est la seule affaire
  Dont se piquent ses habitans.
  Qui n'auroit que vingt ou trente ans,
  Ce seroit un voyage à faire.
ROME donc eut n'aguere un maître dans cet art
Qui du tien et du mien tire son origine ;
Homme qui hors de là faisoit le goguenard :
  Tout passoit par son étamine :
  Aux dépens du tiers et du quart
Il se divertissoit. Avint que le légiste,
Parmi ses écoliers, dont il avoit toujours
  Longue liste,
Eut un François moins propre à faire en droit un cours
  Qu'en amours.
Le docteur un beau jour, le voyant sombre et triste,
Lui dit : Notre féal, vous voilà de relais ;
Car vous avez la mine, étant hors de l'école,

De ne lire jamais
   Bartole.
Que ne vous poussez-vous? un François être ainsi
   Sans intrigue et sans amourettes!
Vous avez des talens, nous avons des coquettes,
   Non pas pour une, Dieu merci.
L'étudiant reprit : Je suis nouveau dans Rome ;
Et puis, hors les beautés qui font plaisir aux gens
   Pour la somme,
   Je ne vois pas que les galants
   Trouvent ici beaucoup à faire.
   Toute maison est monastere :
Double porte, verroux, une matrone austere,
Un mari, des Argus. Qu'irai-je, à votre avis,
   Chercher en de pareils logis?
Prendre la lune aux dents seroit moins difficile.
Ha, ha! la lune aux dents, repartit le docteur ;
   Vous nous faites beaucoup d'honneur.
J'ai pitié de gens neufs comme vous : notre ville
Ne vous est pas connue, en tant que je puis voir.
   Vous croyez donc qu'il faille avoir
Beaucoup de peine à Rome en fait que d'aventures?
Sçachez que nous avons ici des créatures
   Qui feront leurs maris cocus
   Sur la moustache des Argus.

La chose est chez nous très-commune :
Témoignez seulement que vous cherchez fortune.
Placez-vous dans l'église auprès du bénitier ;
Présentez sur le doigt aux dames l'eau sacrée :
   C'est d'amourettes les prier.
Si l'air du suppliant à quelque dame agrée,
   Celle-là, sçachant son métier,
  Vous enverra faire un message :
Vous serez déterré, logeassiez-vous en lieu
   Qui ne fût connu que de Dieu.
Un vieille viendra, qui, faite au badinage,
Vous sçaura ménager un secret entretien.
   Ne vous embarrassez de rien.
De rien ? c'est un peu trop ; j'excepte quelque chose :
Il est bon de vous dire en passant, notre ami,
Qu'à Rome il faut agir en galant et demi.
En France on peut conter des fleurettes, l'on cause ;
Ici tous les moments sont chers et précieux.
Romaines vont au but. L'autre reprit : Tant mieux.
   Sans être gascon je puis dire
   Que je suis un merveilleux sire.
   Peut-être ne l'étoit-il point :
   Tout homme est gascon sur ce point.
Les avis du docteur furent bons : le jeune homme
Se campe en une église où venoit tous les jours

La fleur et l'élite de Rome,
Des Graces, des Vénus, avec un grand concours
D'amours ;
C'est-à-dire, en chrétien, beaucoup d'anges femelles.
Sous leur voile brilloient des yeux pleins d'étincelles.
Bénitiers, le lieu saint n'étoit pas sans cela.
Notre homme en choisit un chanceux pour ce point-là,
A chaque objet qui passe adoucit ses prunelles :
Révérences, le drôle en faisoit des plus belles,
Des plus dévotes ; cependant
Il offroit l'eau lustrale. Un ange, entre les autres,
En prit de bonne grace ; alors l'étudiant
Dit en son cœur : Elle est des nôtres.
Il retourne au logis : vieille vient ; rendez-vous.
D'en conter le détail, vous vous en doutez tous.
Il s'y fit nombre de folies.
La dame étoit des plus jolies,
Le passe-temps fut des plus doux.
Il le conte au docteur. Discrétion françoise
Est chose outre nature, et d'un trop grand effort.
Dissimuler un tel transport,
Cela sent son humeur bourgeoise.
Du fruit de ses conseils le docteur s'applaudit,
Rit en jurisconsulte, et des maris se raille.
Pauvres gens qui n'ont pas l'esprit

De garder du loup leur ouaille.
Un berger en a cent : des hommes ne sçauront
Garder la seule qu'ils auront !
Bien lui sembloit ce soin chose un peu mal-aisée,
Mais non pas impossible ; et sans qu'il eût cent yeux
Il défioit, graces aux cieux,
Sa femme, encor que très-rusée.
A ce discours, ami lecteur,
Vous ne croiriez jamais, sans avoir quelque honte,
Que l'héroïne de ce conte
Fût propre femme du docteur.
Elle l'étoit pourtant. Le pis est que mon homme,
En s'informant de tout, et des si, et des cas,
Et comme elle étoit faite, et quels secrets appas,
Vit que c'étoit sa femme en somme.
Un seul point l'arrêtoit : c'étoit certain talent
Qu'avoit en sa moitié trouvé l'étudiant,
Et que pour le mari n'avoit pas la donzelle.
A ce signe ce n'est pas elle,
Disoit en soi le pauvre époux ;
Mais les autres points y sont tous :
C'est elle. Mais ma femme au logis est rêveuse,
Et celle-ci paroit causeuse,
Et d'un agréable entretien :
Assurément c'en est une autre.

Mais du reste il n'y manque rien,
Taille, visage, traits, même poil : c'est la nôtre.
Après avoir bien dit tout bas,
Ce l'est, et puis ce ne l'est pas,
Force fut qu'au premier en demeurât le sire.
Je laisse à penser son courroux,
Sa fureur, afin de mieux dire.
Vous vous êtes donnés un second rendez-vous ?
Poursuivit-il. Oui, reprit notre apôtre ;
Elle et moi n'avons eu garde de l'oublier,
Nous trouvant trop bien du premier
Pour n'en pas ménager un autre,
Très-résolus tous deux de ne nous rien devoir.
La résolution, dit le docteur, est belle.
Je sçaurois volontiers quelle est cette donzelle.
L'écolier repartit : Je ne l'ai pu sçavoir ;
Mais qu'importe ? il suffit que je sois content d'elle.
Dès à présent je vous répons
Que l'époux de la dame a toutes ses façons.
Si quelqu'une manquoit, nous la lui donnerons
Demain, en tel endroit, à telle heure, sans faute.
On doit m'attendre entre deux draps,
Champ de bataille propre à de pareils combats.
Le rendez-vous n'est point dans une chambre haute.
Le logis est propre et paré.

On m'a fait à l'abord traverser un passage
  Où jamais le jour n'est entré ;
Mais aussitôt après, la vieille du message
M'a conduit en des lieux où loge, en bonne foi,
  Tout ce qu'amour a de délices ;
  On peut s'en rapporter à moi.
A ce discours jugez quels étoient les supplices
Qu'enduroit le docteur. Il forme le dessein
  De s'en aller le lendemain
Au lieu de l'écolier, et sous ce personnage
Convaincre sa moitié, lui faire un vasselage
  Dont il fût à jamais parlé.
  N'en déplaise au nouveau confrere,
  Il n'étoit pas bien conseillé :
  Mieux valoit pour le coup se taire,
  Sauf d'apporter en temps et lieu
  Remede au cas, moyennant Dieu.
Quand les épouses font un récipiendaire
  Au benoît état de cocu,
S'il en peut sortir franc, c'est à lui beaucoup faire ;
  Mais quand il est déjà reçu,
Une façon de plus ne fait rien à l'affaire.
Le docteur raisonna d'autre sorte, et fit tant
Q'il ne fit rien qui vaille. Il crut qu'en prévenant
  Son parrain en cocuage,

Il feroit tour d'homme sage :
Son parrain, cela s'entend,
Pourvu que sous ce galant
Il eût fait apprentissage,
Chose dont à bon droit le lecteur doit douter.
Quoi qu'il en soit, l'époux ne manqua pas d'aller
Au logis de l'aventure,
Croyant que l'allée obscure,
Son silence, et le soin de se cacher le nez,
Sans qu'il fût reconnu le feroient introduire
En ces lieux si fortunés.
Mais par malheur la vieille avoit pour se conduire
Une lanterne sourde ; et plus fine cent fois
Que le plus fin docteur en lois,
Elle reconnut l'homme, et sans être surprise
Elle lui dit : Attendez là,
Je vais trouver Madame Elise :
Il la faut avertir ; je n'ose sans cela
Vous mener dans sa chambre, et puis vous devez être
En autre habit pour l'aller voir ;
C'est-à-dire en un mot qu'il n'en faut point avoir.
Madame attend au lit. A ces mots notre Maître,
Poussé dans quelque bouge, y voit d'abord paroitre
Tout un deshabillé, des mules, un peignoir,
Bonnet, robe de chambre, avec chemise d'homme ;

Parfums sur la toilette, et des meilleurs de Rome ;
Le tout propre, arrangé, de même qu'on eût fait
Si l'on eût attendu le Cardinal Préfet.
Le docteur se dépouille ; et cette gouvernante
Revient, et par la main le conduit en des lieux
Où notre homme, privé de l'usage des yeux,
  Va d'une façon chancelante.
  Après ces détours ténébreux,
La vieille ouvre une porte, et vous pousse le sire
  En un fort mal plaisant endroit,
  Quoique ce fût son propre empire :
  C'étoit en l'École de droit.
En l'École de droit ! Là même. Le pauvre homme,
Honteux, surpris, confus, non sans quelque raison,
  Pensa tomber en pâmoison.
  Le conte en courut par tout Rome.
Les écoliers alors attendoient leur régent.
Cela seul acheva sa mauvaise fortune.
Grand éclat de risée, et grand chuchillement,
  Universel étonnement.
Est-il fou ? qu'est-ce là ? vient-il de voir quelqu'une ?
Ce ne fut pas le tout : sa femme se plaignit :
Procès. La parenté se joint en cause, et dit
Que du docteur venoit tout le mauvais ménage ;
Que cet homme étoit fou, que sa femme étoit sage.

On fit casser le mariage,
Et puis la dame se rendit
Belle et bonne religieuse,
A Saint-Croissant en Vavoureuse ;
Un prélat lui donna l'habit.

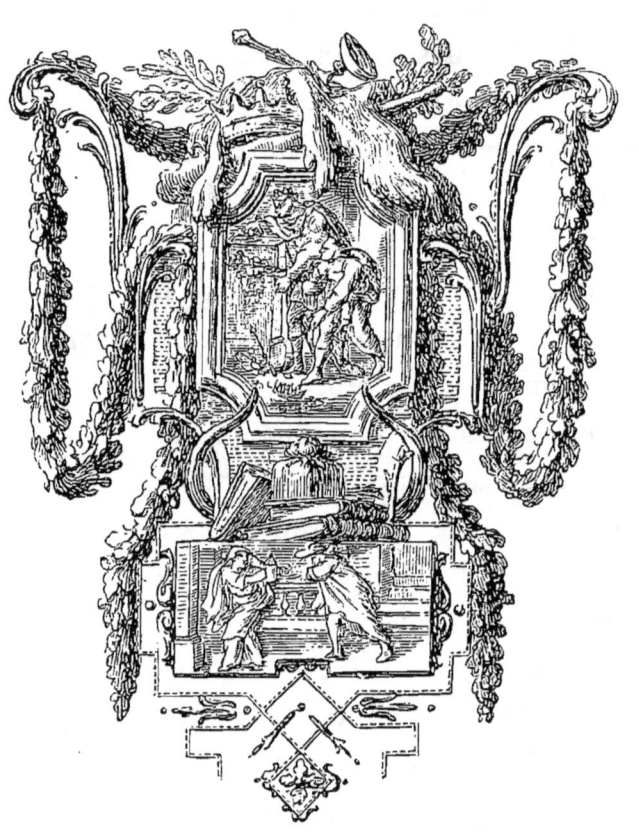

LE DIABLE EN ENFER

Qui craint d'aimer a tort, selon mon sens,
S'il ne fuit pas dès qu'il voit une belle.
Je vous connois, objets doux et puissans;
Plus ne m'irai brûler à la chandelle.
Une vertu sort de vous, ne sçais quelle,
Qui dans le cœur s'introduit par les yeux :
Ce qu'elle y fait, besoin n'est de le dire;
On meurt d'amour, on languit, on soupire :
Pas ne tiendroit aux gens qu'on ne fît mieux.
A tels périls ne faut qu'on s'abandonne.
J'en vais donner pour preuve une personne
Dont la beauté fit trébucher Rustic.
Il en avint un fort plaisant trafic :
Plaisant fut-il, au péché près, sans faute,
Car pour ce point, je l'excepte et je l'ôte;
Et ne suis pas du goût de celle-là
Qui buvant frais (ce fut je pense à Rome),
Disoit : Que n'est-ce un péché que cela !
Je la condamne, et veux prouver en somme
Qu'il fait bon craindre encor que l'on soit saint.
Rien n'est plus vrai. Si Rustic avait craint,
Il n'auroit pas retenu cette fille,
Qui, jeune et simple, et pourtant très-gentille,

Jusques au vif vous l'eut bientôt atteint.
Alibech fut son nom, si j'ai mémoire ;
Fille un peu neuve, à ce que dit l'histoire.
Lisant un jour comme quoi certains saints,
Pour mieux vaquer à leurs pieux desseins,
Se séquestroient ; vivoient comme des anges,
Qui çà, qui là, portant toujours leurs pas
En lieux cachés ; choses qui bien qu'étranges
Pour Alibech avoient quelques appas.
Mon Dieu ! dit-elle, il me prend une envie
D'aller mener une semblable vie.
Alibech donc s'en va sans dire adieu :
Mere ni sœur, nourrice ni compagne
N'est avertie. Alibech en campagne
Marche toujours, n'arrête en pas un lieu.
Tant court enfin qu'elle entre en un bois sombre ;
Et dans ce bois elle trouve un vieillard,
Homme possible autrefois plus gaillard,
Mais n'étant lors qu'un squelette et qu'une ombre.
Pere, dit-elle, un mouvement m'a pris :
C'est d'être sainte, et mériter pour prix
Qu'on me révere et qu'on chomme ma fête.
O quel plaisir j'aurois, si tous les ans,
La palme en main, les rayons sur la tête,
Je recevois des fleurs et des présens !

Votre métier est-il si difficile?
Je sais déja jeûner plus d'à demi.
Abandonnez ce penser inutile,
Dit le vieillard; je vous parle en ami :
La sainteté n'est chose si commune
Que le jeûner suffise pour l'avoir.
Dieu gard de mal fille et femme qui jeûne,
Sans pour cela guere mieux en valoir.
Il faut encor pratiquer d'autres choses,
D'autres vertus qui me sont lettres closes,
Et qu'un hermite habitant de ces bois
Vous apprendra mieux que moi mille fois.
Allez le voir; ne tardez davantage :
Je ne retiens tels oiseaux dans ma cage.
Disant ces mots, le vieillard la quitta,
Ferma sa porte et se barricada.
Très-sage fut d'agir ainsi sans doute,
Ne se fiant à vieillesse ni goutte,
Jeûne ni haire, enfin à rien qui soit.
Non loin de là, notre sainte apperçoit
Celui de qui ce bon vieillard parloit;
Homme ayant l'ame en Dieu toute occupée,
Et se faisant tout blanc de son épée.
C'étoit Rustic, jeune saint très-fervent :
Ces jeunes-là s'y trompent bien souvent.

En peu de mots l'appétit d'être sainte
Lui fut d'abord par la belle expliqué ;
Appétit tel qu'Alibech avoit crainte
Que quelque jour son fruit n'en fût marqué.
Rustic sourit d'une telle innocence.
Je n'ai, dit-il, que peu de connoissance
En ce métier ; mais ce peu-là que j'ai
Bien volontiers vous sera partagé.
Nous vous rendrons la chose familiere.
Maître Rustic eût dû donner congé
Tout dès l'abord à semblable écoliere.
Il ne le fit : en voici les effets.
Comme il vouloit être des plus parfaits,
Il dit en soi : Rustic, que sçais-tu faire?
Veiller, prier, jeûner, porter la haire?
Qu'est-ce cela? moins que rien : tous le font ;
Mais d'être seul auprès de quelque belle
Sans la toucher, il n'est victoire telle ;
Triomphes grands chez les anges en sont :
Méritons-les ; retenons cette fille :
Si je résiste à chose si gentille,
J'atteins le comble, et me tire du pair.
Il la retint, et fut si téméraire
Qu'outre Satan, il défia la chair,
Deux ennemis toujours prêts à mal faire.

Or sont nos saints logés sous même toit.
Rustic apprête, en un petit endroit,
Un petit lit de jonc pour la novice :
Car de coucher sur la dure d'abord,
Quelle apparence ! elle n'étoit encor
Accoutumée à si rude exercice.
Quant au souper, elle eut, pour tout service,
Un peu de fruit, du pain non pas trop beau.
Faites état que la magnificence
De ce repas ne consista qu'en l'eau
Claire, d'argent, belle par excellence.
Rustic jeûna : la fille eut appétit.
Couchés à part, Alibech s'endormit :
L'hermite, non. Une certaine bête,
Diable nommée, un vrai serpent maudit,
N'eut point de paix qu'il ne fût de la fête :
On l'y reçoit. Rustic roule en sa tête
Tantôt les traits de la jeune beauté,
Tantôt sa grace, et sa naïveté,
Et ses façons, et sa maniere douce,
L'âge, la taille, et sur-tout l'embonpoint,
Et certain sein ne se reposant point,
Allant, venant ; sein qui pousse et repousse
Certain corset, en dépit d'Alibech,
Qui tâche en vain de lui clorre le bec ;

Car toujours parle : il va, vient, et respire ;
C'est son patois : Dieu sçait ce qu'il veut dire.
Le pauvre hermite, ému de passion,
Fit de ce point sa méditation.
Adieu la haire, adieu la discipline :
Et puis voilà de ma dévotion,
Voilà mes saints. Celui-ci s'achemine
Vers Alibech, et l'éveille en sursaut.
Ce n'est bien fait que de dormir sitôt,
Dit le frater : il faut au préalable
Qu'on fasse une œuvre à Dieu fort agréable,
Emprisonnant en enfer le malin :
Créé ne fut pour aucune autre fin ;
Procédons-y. Tout à l'heure il se glisse
Dedans le lit. Alibech sans malice,
N'entendoit rien à ce mystère-là :
Et ne sçachant ni ceci ni cela,
Moitié forcée et moitié consentante,
Moitié voulant combattre ce desir,
Moitié n'osant, moitié peine et plaisir,
Elle crut faire acte de repentance ;
Bien humblement rendit grace au frater ;
Sçut ce que c'est que le Diable en enfer.
Désormais faut qu'Alibech se contente
D'être martyre, en cas que sainte soit :

Frere Rustic peu de vierges faisoit.
Cette leçon ne fut la plus aisée;
Dont Alibech non encor déniaisée
Dit: Il faut bien que le diable en effet
Soit une chose étrange et bien mauvaise,
Il brise tout: voyez le mal qu'il fait
A sa prison; non pas qu'il m'en déplaise;
Mais il mérite en bonne vérité
D'y retourner. Soit fait, ce dit le frere.
Tant s'appliqua Rustic à ce mystere,
Tant prit de soin, tant eut de charité,
Qu'enfin l'enfer s'accoutumant au diable,
Eût eu toujours sa présence agréable,
Si l'autre eût pu toujours en faire essai.
Sur quoi la belle: On dit encor bien vrai
Qu'il n'est prison si douce, que son hôte
En peu de temps ne s'y lasse sans faute.
Bientôt nos gens ont noise sur ce point.
En vain l'enfer son prisonnier rappelle;
Le diable est sourd, le diable n'entend point.
L'enfer s'ennuie, autant en fait la belle.
Ce grand desir d'être sainte s'en va.
Rustic voudroit être dépêtré d'elle.
Elle pourvoit d'elle-même à cela.
Furtivement elle quitte le sire:

Par le plus court s'en retourne chez soi.
Je suis en soin de ce qu'elle put dire
A ses parens : c'est ce qu'en bonne foi,
Jusqu'à présent je n'ai bien sçu comprendre.
Apparemment elle leur fit entendre
Que son cœur, mu d'un appétit d'enfant,
L'avoit portée à tâcher d'être sainte.
Ou l'on la crut, ou l'on en fit semblant.
Sa parenté prit pour argent comptant
Un tel motif : non que de quelque atteinte
A son enfer on n'eût quelque soupçon ;
Mais cette chartre est faite de façon
Qu'on n'y voit goutte, et maint geolier s'y trompe.
Alibech fut festinée en grand pompe.
L'histoire dit que, par simplicité,
Elle conta la chose à ses compagnes :
Besoin n'étoit que votre sainteté,
Ce lui dit-on, traversât ces campagnes.
On vous auroit, sans bouger du logis,
Même leçon, même secret appris.
Je vous aurois, dit l'une, offert mon frere ;
Vous auriez eu, dit l'autre, mon cousin ;
Et Néherbal, notre prochain voisin,
N'est pas non plus novice en ce mystere.
Il vous recherche ; acceptez ce parti,

Devant qu'on soit d'un tel cas averti.
Elle le fit : Néherbal n'étoit homme
A cela près. On donna telle somme,
Qu'avec les traits de la jeune Alibech
Il prit pour bon un enfer très-suspect,
Usant des biens que l'hymen nous envoie.
A tous époux Dieu doint pareille joie !

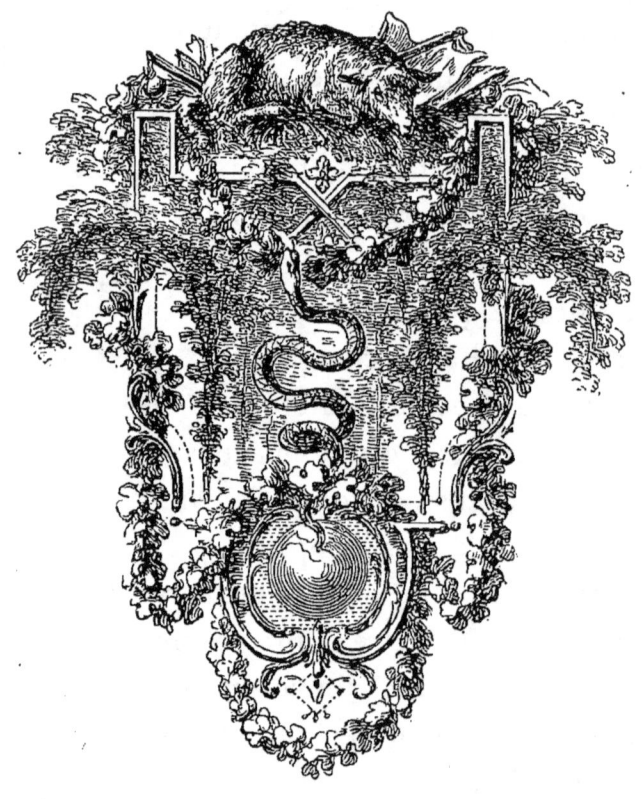

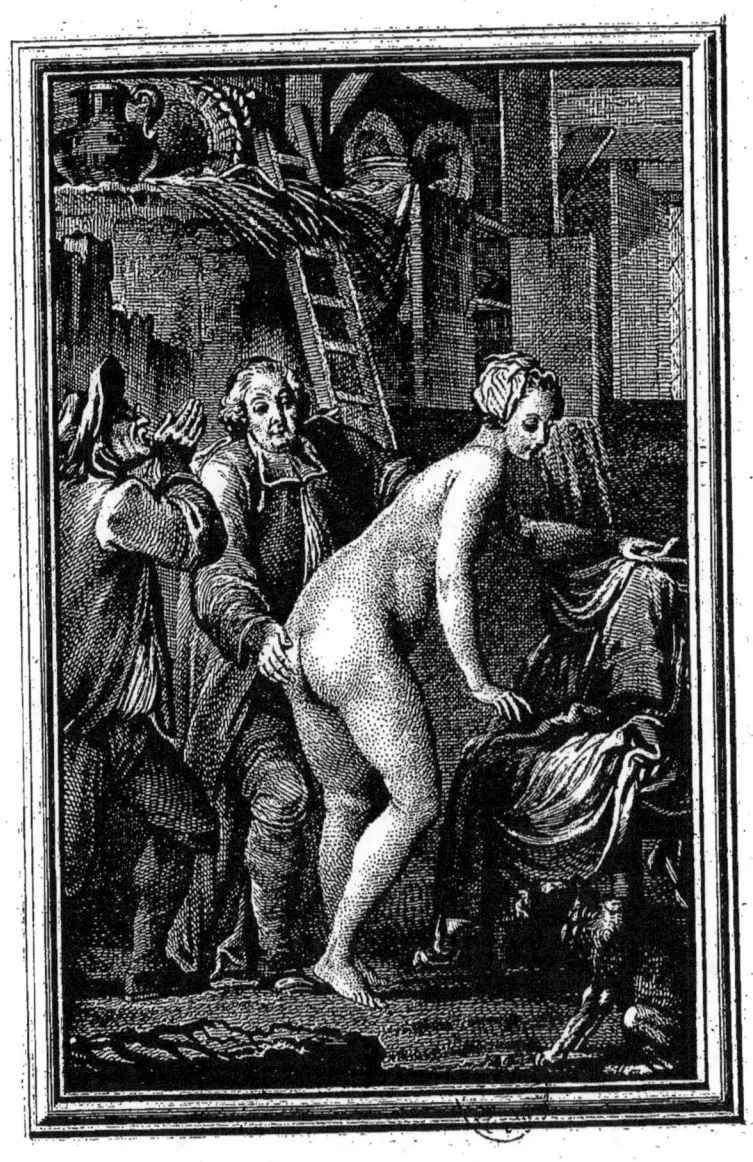

LA JUMENT DU COMPERE PIERRE

MESSIRE Jean, c'étoit certain curé
Qui prêchoit peu, sinon sur la vendange :
Sur ce sujet, sans être préparé,
Il triomphoit ; vous eussiez dit un ange.
Encore un point étoit touché de lui,
Non si souvent qu'eût voulu le messire,
Et ce point-là, les enfans d'aujourd'hui
Sçavent que c'est ; besoin n'ai de le dire.
Messire Jean, tel que je le décris,
Faisoit si bien que femmes et maris
Le recherchoient, estimoient sa science :
Au demeurant il n'étoit conscience
Un peu jolie, et bonne à diriger,
Qu'il ne voulût lui-même interroger,
Ne s'en fiant aux soins de son vicaire.
Messire Jean auroit voulu tout faire,
S'entremettoit en zélé directeur,
Alloit partout, disant qu'un bon pasteur
Ne peut trop bien ses ouailles connoître,
Dont par lui-même instruit en vouloit être.
Parmi les gens de lui les mieux venus,

Il fréquentoit chez le compere Pierre,
Bon villageois à qui pour toute terre,
Pour tout domaine et pour tous revenus,
Dieu ne donna que ses deux bras tous nus,
Et son louchet, dont pour tout ustensille
Pierre faisoit subsister sa famille.
Il avoit femme et belle et jeune encor,
Ferme surtout : le hâle avoit fait tort
A son visage, et non à sa personne.
Nous autres gens peut-être aurions voulu
Du délicat : ce rustiq ne m'eût plû ;
Pour des curés la pâte en étoit bonne,
Et convenoit à semblables amours.
Messire Jean la regardoit toujours
Du coin de l'œil, toujours tournoit la tête
De son côté, comme un chien qui fait fête
Aux os qu'il voit n'être par trop chétifs :
Que s'il en voit un de belle apparence,
Non décharné, plein encor de substance,
Il tient dessus ses regards attentifs ;
Il s'inquiete, il trépigne, il remue
Oreille et queue ; il a toujours la vue
Dessus cet os, et le ronge des yeux
Vingt fois devant que son palais s'en sente.
Messire Jean tout ainsi se tourmente

A cet objet pour lui délicieux.
La villageoise étoit fort innocente,
Et n'entendoit aux façons du pasteur
Mystere aucun : ni son regard flatteur
Ni ses présents ne touchoient Magdeleine :
Bouquets de thym et pots de marjolaine
Tomboient à terre : avoir cent menus soins,
C'étoit parler bas-breton tout au moins.
Il s'avisa d'un plaisant stratagême.
Pierre étoit lourd, sans esprit : je crois bien
Qu'il ne se fût précipité lui-même ;
Mais par delà de lui demander rien,
C'étoit abus et très-grande sottise.
L'autre lui dit : Compere mon ami,
Te voilà pauvre, et n'ayant à demi
Ce qu'il te faut. Si je t'apprens la guise
Et le moyen d'être un jour plus content
Qu'un petit roi, sans te tourmenter tant,
Que me veux-tu donner pour mes étrennes ?
Pierre répond : Parbieu, Messire Jean,
Je suis à vous : disposez de mes peines ;
Car vous sçavez que c'est tout mon vaillant.
Notre cochon ne nous faudra pourtant :
Il a mangé plus de son, par mon ame,
Qu'il n'en tiendroit trois fois dans ce tonneau ;

Et d'abondant, la vache à notre femme
Nous a promis qu'elle feroit un veau :
Prenez le tout. Je ne veux nul salaire,
Dit le pasteur : obliger mon compere,
Ce m'est assez. Je te dirai comment :
Mon dessein est de rendre Magdeleine
Jument le jour, par art d'enchantement,
Lui redonnant sur le soir forme humaine.
Très-grand profit pourra certainement
T'en revenir ; car ton âne est si lent
Que du marché l'heure est presque passée
Quand il arrive ; ainsi tu ne vends pas
Comme tu veux tes herbes, ta denrée,
Tes choux, tes aulx, enfin tout ton tracas.
Ta femme étant jument forte et membrue,
Ira plus vîte, et sitôt que chez toi
Elle sera du marché revenue,
Sans pain ni soupe, un peu d'herbe menue
Lui suffira. Pierre dit : Sur ma foi,
Messire Jean, vous êtes un sage homme.
Voyez que c'est d'avoir étudié !
Vend-on cela ? si j'avois grosse somme,
Je vous l'aurois parbieu bientôt payé.
Jean poursuivit : Or çà, je t'apprendrai
Les mots, la guise, et toute la maniere

Par où jument bien faite et poulinierc
Auras de jour, belle femme de nuit.
Corps, tête, jambe, et tout ce qui s'ensuit
Lui reviendra : tu n'as qu'à me voir faire.
Tais-toi surtout, car un mot seulement
Nous gâteroit tout notre enchantement ;
Nous ne pourrions revenir au mystere
De notre vie ; encore un coup motus,
Bouche cousue ; ouvre les yeux sans plus :
Toi-même après pratiqueras la chose.
Pierre promet de se taire, et Jean dit :
Sus, Magdeleine ; il se faut, et pour cause,
Dépouiller nue et quitter cet habit.
Dégraffez-moi cet atour des dimanches :
Fort bien. Otez ce corset et ces manches :
Encore mieux. Défaites ce jupon :
Très-bien cela. Quand vint à la chemise,
La pauvre épouse eut en quelque façon
De la pudeur. Être nue ainsi mise
Aux yeux des gens ! Magdeleine aimoit mieux
Demeurer femme, et juroit ses grands dieux
De ne souffrir une telle vergogne.
Pierre lui dit : Voilà grande besogn
Eh bien, tous deux nous sçaurons comme quoi
Vous êtes faite : est-ce, par votre foi,

De quoi tant craindre ? Eh là là, Magdeleine,
Vous n'avez pas toujours eu tant de peine
A tout ôter. Comment donc faites-vous
Quand vous cherchez vos puces ? dites-nous,
Messire Jean est-ce quelqu'un d'étrange ?
Que craignez-vous ? hé quoi ! qu'il ne vous mange ?
Çà dépêchons ; c'est par trop marchandé.
Depuis le temps monsieur notre curé
Auroit déjà parfait son entreprise.
Disant ces mots, il ôte la chemise,
Regarde faire, et ses lunettes prend.
Messire Jean par le nombril commence,
Pose dessus une main en disant :
Que ceci soit beau poitrail de jument.
Puis cette main dans le pays s'avance.
L'autre s'en va transformer ces deux monts
Qu'en nos climats les gens nomment tetons ;
Car quant à ceux qui sur l'autre hémisphere
Sont étendus, plus vastes en leur tour,
Par révérence on ne les nomme guere ;
Messire Jean leur fait aussi sa cour,
Disant toujours pour la cérémonie :
Que ceci soit telle ou telle partie,
Ou belle croupe, ou beaux flancs, tout enfin.
Tant de façons mettoient Pierre en chagrin ;

Et, ne voyant nul progrès à la chose,
Il prioit Dieu pour la métamorphose :
C'étoit en vain ; car de l'enchantement
Toute la force et l'accomplissement
Gisoit à mettre une queue à la bête :
Tel ornement est chose fort honnête.
Jean, ne voulant un tel point oublier,
L'attache donc : lors Pierre de crier,
Si haut qu'on l'eût entendu d'une lieue :
Messire Jean, je n'y veux point de queue ;
Vous l'attachez trop bas, messire Jean.
Pierre à crier ne fut si diligent,
Que bonne part de la cérémonie
Ne fût déjà par le prêtre accomplie.
A bonne fin le reste auroit été,
Si, non content d'avoir déja parlé,
Pierre encor n'eût tiré par la soutane
Le curé Jean, qui lui dit : Foin de toi !
T'avois-je pas recommandé, gros âne,
De ne rien dire, et de demeurer coi ?
Tout est gâté : ne t'en prens qu'à toi-même.
Pendant ces mots l'époux gronde à part soi.
Magdeleine est en un courroux extrême,
Querelle Pierre et lui dit : Malheureux,
Tu ne seras qu'un misérable gueux

Toute ta vie; et puis viens-t'en me braire;
Viens me conter ta faim et ta douleur.
Voyez un peu : Monsieur notre pasteur
Veut, de sa grace, à ce traîne-malheur
Montrer de quoi finir notre misere :
Mérite-t-il le bien qu'on lui veut faire?
Messire Jean, laissons là cet oison :
Tous les matins, tandis que ce veau lie
Ses choux, ses aulx, ses herbes, son oignon,
Sans l'avertir, venez à la maison;
Vous me rendrez une jument polie.
Pierre reprit : Plus de jument, m'amie;
Je suis content de n'avoir qu'un grison.

LES LUNETTES

J'avois juré de laisser là les nonnes :
Car que toujours on voie en mes écrits
Même sujet, et semblables personnes,
Cela pourroit fatiguer les esprits.
Ma muse met guimpe sur le tapis :
Et puis quoi ? guimpe ; et puis guimpe sans cesse ;
Bref toujours guimpe, et guimpe sous la presse :
C'est un peu trop. Je veux que les nonnains
Fassent les tours en amour les plus fins ;
Si ne faut-il pour cela qu'on épuise
Tout le sujet : le moyen ? c'est un fait
Par trop fréquent ; je n'aurois jamais fait :
Il n'est greffier dont la plume y suffise.
Si j'y tâchois, on pourroit soupçonner
Que quelque cas m'y feroit retourner,
Tant sur ce point mes vers font de rechutes :
Toujours souvient à Robin de ses flutes.
Or apportons à cela quelque fin :
Je le prétends, cette tâche ici faite.
JADIS s'étoit introduit un blondin
Chez des nonnains, à titre de fillette.

Il n'avoit pas quinze ans que tout ne fût :
Dont le galant passa pour sœur Colette,
Auparavant que la barbe lui crût.
Cet entre-temps ne fut sans fruit; le sire
L'employa bien : Agnès en profita.
Las, quel profit! j'eusse mieux fait de dire
Qu'à sœur Agnès malheur en arriva.
Il lui fallut élargir sa ceinture;
Puis mettre au jour petite créature
Qui ressembloit comme deux gouttes d'eau,
Ce dit l'histoire, à sa sœur jouvenceau.
Voilà scandale et bruit dans l'abbaye :
D'où cet enfant est-il plu? Comme a-t-on,
Disoient les sœurs en riant, je vous prie,
Trouvé céans ce petit champignon?
Si ne s'est-il, après tout, fait lui-même.
La prieure est en un courroux extrême.
Avoir ainsi souillé cette maison!
Bientôt on mit l'accouchée en prison :
Puis il fallut faire enquête du pere.
Comment est-il entré? Comment sorti?
Les murs sont hauts, antique la tourriere,
Double la grille, et le trou très-petit.
Seroit-ce point quelque garçon en fille,
Dit la prieure? Et parmi nos brebis,

N'aurions-nous point, sous de trompeurs habits,
Un jeune loup? Sus, qu'on se déshabille :
Je veux sçavoir la vérité du cas.
Qui fut bien pris? Ce fut la feinte ouaille :
Plus son esprit à songer se travaille,
Moins il espere échapper d'un tel pas.
Nécessité, mere de stratagême,
Lui fit... Eh bien? lui fit en ce moment
Lier... Eh quoi? Foin! je suis court moi-même.
Où prendre un mot qui dise honnêtement
Ce que lia le pere de l'enfant?
Comment trouver un détour suffisant
Pour cet endroit? Vous avez ouï dire
Qu'au tems jadis le genre humain avoit
Fenêtre au corps; de sorte qu'on pouvoit
Dans le dedans tout à son aise lire ;
Chose commode aux médecins d'alors.
Mais si d'avoir une fenêtre au corps
Étoit utile, une au cœur au contraire
Ne l'étoit pas, dans les femmes surtout;
Car le moyen qu'on pût venir à bout
De rien cacher? Notre commune mere,
Dame nature, y pourvut sagement
Par deux lacets de pareille mesure.
L'homme et la femme eurent également

De quoi fermer une telle ouverture.
La femme fut lacée un peu trop dru.
Ce fut sa faute : elle-même en fut cause,
N'étant jamais à son gré trop bien close.
L'homme, au rebours ; et le bout du tissu
Rendit en lui la nature perplexe.
Bref, le lacet à l'un et l'autre sexe
Ne put cadrer, et se trouva, dit-on,
Aux femmes court, aux hommes un peu long.
Il est facile à présent qu'on devine
Ce que lia notre jeune imprudent ;
C'est ce surplus, ce reste de machine,
Bout de lacet aux hommes excédant.
D'un brin de fil il l'attacha de sorte
Que tout sembloit aussi plat qu'aux nonnains :
Mais fil ou soie, il n'est bride assez forte
Pour contenir ce que bientôt je crains
Qui ne s'échappe. Amenez-moi des saints ;
Amenez-moi, si vous voulez, des anges ;
Je les tiendrai créatures étranges,
Si vingt nonnains, telles qu'on les vit lors,
Ne font trouver à leurs esprits un corps.
J'entens nonnains ayant tous les trésors
De ces trois sœurs dont la fille de l'onde
Se fait servir ; chiches et fiers appas,

LES LUNETTES.

Que le soleil ne voit qu'au nouveau monde,
Car celui-ci ne les lui montre pas.
La prieure a sur son nez des lunettes,
Pour ne juger du cas légèrement.
Tout à l'entour sont debout vingt nonnettes,
En un habit que vraisemblablement
N'avoient pas fait les tailleurs du couvent.
Figurez-vous la question qu'au sire
On donna lors : besoin n'est de le dire.
Touffes de lis, proportion du corps,
Secrets appas, embonpoint et peau fine,
Fermes tetons, et semblables ressorts
Eurent bientôt fait jouer la machine.
Elle échappa, rompit le fil d'un coup,
Comme un coursier qui romproit son licou,
Et sauta droit au nez de la prieure,
Faisant voler lunettes tout à l'heure
Jusqu'au plancher. Il s'en fallut bien peu
Que l'on ne vît tomber la lunetiere.
Elle ne prit cet accident en jeu.
L'on tint chapitre, et sur cette matiere
Fut raisonné long-temps dans le logis.
Le jeune loup fut aux vieilles brebis
Livré d'abord. Elles vous l'empoignerent,
A certain arbre en leur cour l'attacherent,

LES LUNETTES.

Ayant le nez devers l'arbre tourné,
Le dos à l'air avec toute la suite :
Et cependant que la troupe maudite
Songe comment il sera guerdonné,
Que l'une va prendre dans les cuisines
Tous les balais, et que l'autre s'en court
A l'arsenal où sont les disciplines,
Qu'une troisième enferme à double tour
Les sœurs qui sont jeunes et pitoyables,
Bref que le sort ami du marjeolet
Écarte ainsi toutes les détestables ;
Vient un meûnier monté sur son mulet,
Garçon carré, garçon couru des filles,
Bon compagnon, et beau joueur de quilles.
Oh! oh! dit-il, qu'est-ce là que je voi?
Le plaisant saint! Jeune homme, je te prie,
Qui t'a mis là? sont-ce ces sœurs, dis-moi?
Avec quelqu'une as-tu fait la folie?
Te plaisoit-elle? étoit-elle jolie?
Car à te voir, tu me portes, ma foi
(Plus je regarde et mire ta personne),
Tout le minois d'un vrai croqueur de nonne.
L'autre répond : Hélas! c'est le rebours :
Ces nonnes m'ont en vain prié d'amours;
Voilà mon mal : Dieu me doint patience,

LES LUNETTES.

Car de commettre une si grande offense,
J'en fais scrupule; et fût-ce pour le roi,
Me donnât-on aussi gros d'or que moi.
Le meûnier rit; et sans autre mystère
Vous le délie, et lui dit : Idiot,
Scrupule, toi qui n'es qu'un pauvre haire !
C'est bien à nous qu'il appartient d'en faire !
Notre curé ne seroit pas si sot.
Vîte fuis-t-en, m'ayant mis en ta place :
Car aussi bien tu n'es pas comme moi,
Franc du collier, et bon pour cet emploi.
Je n'y veux point de quartier ni de grace :
Viennent ces sœurs; toutes, je te répond,
Verront beau jeu, si la corde ne rompt.
L'autre deux fois ne se le fait redire.
Il vous l'attache, et puis lui dit adieu.
Large d'épaules, on auroit vu le sire
Attendre nud les nonnains en ce lieu.
L'escadron vient, porte en guise de cierges,
Gaules et fouets; procession de verges,
Qui fit la ronde à l'entour du meûnier,
Sans lui donner le temps de se montrer,
Sans l'avertir. Tout beau, dit-il, Mesdames;
Vous vous trompez; considérez-moi bien :
Je ne suis pas cet ennemi des femmes,

Ce scrupuleux qui ne vaut rien à rien.
Employez-moi, vous verrez des merveilles :
Si je dis faux, coupez-moi les oreilles.
D'un certain jeu je viendrai bien à bout ;
Mais quant au fouet, je n'y vaux rien du tout.
Qu'entend ce rustre, et que nous veut-il dire,
S'écria lors une de nos sans-dents ?
Quoi ! tu n'es pas notre faiseur d'enfans ?
Tant pis pour toi, tu pairas pour le sire.
Nous n'avons pas telles armes en mains,
Pour demeurer en un si beau chemin.
Tiens, tiens ; voilà l'ébat que l'on desire,
A ce discours, fouets de rentrer en jeu,
Verges d'aller, et non pas pour un peu ;
Meûnier de dire en langue intelligible,
Crainte de n'être pas assez bien entendu,
Mesdames, je... ferai tout mon possible,
Pour m'acquitter de ce qui vous est dû.
Plus il leur tient des discours de la sorte,
Plus la fureur de l'antique cohorte
Se fait sentir. Long-temps il s'en souvint.
Pendant qu'on donne au maître l'anguillade,
Le mulet fait sur l'herbette gambade.
Ce qu'à la fin l'un et l'autre devint,
Je ne le sçais, ni ne m'en mets en peine.

Suffit d'avoir sauvé le jouvenceau.
Pendant un temps, les lecteurs, pour douzaine
De ces nonnains au corps gent et si beau,
N'auroient voulu, je gage, être en sa peau.

LE CUVIER

Soyez amant, vous serez inventif :
Tour ni détour, ruse ni stratagême
Ne vous faudront : le plus jeune aprentif
Est vieux routier dès le moment qu'il aime :
On ne vit onc que cette passion
Demeurât court, faute d'invention :
Amour fait tant qu'enfin il a son compte.
Certain cuvier, dont on fait certain conte,
En fera foi. Voici ce que j'en sçais,
Et qu'un quidant me dit ces jours passés.
Dedans un bourg ou ville de province
(N'importe pas du titre ni du nom),
Un tonnelier et sa femme Nanon
Entretenoient un ménage assez mince.
De l'aller voir Amour n'eut à mépris,
Y conduisant un de ses bons amis,
C'est cocuage ; il fut de la partie :
Dieux familiers, et sans cérémonie,
Se trouvant bien dans toute hôtellerie,
Tout est pour eux bon gîte et bon logis,

Sans regarder si c'est louvre ou cabane.
Un drôle donc caressoit Madame Anne :
Ils en étoient sur un point, sur un point...
C'est dire assez de ne le dire point.
Lorsque l'époux revient tout hors d'haleine
Du cabaret, justement, justement...
C'est dire encor ceci bien clairement.
On le maudit; nos gens sont fort en peine :
Tout ce qu'on put fut de cacher l'amant.
On vous le serre en hâte et promptement
Sous un cuvier, dans une cour prochaine.
Tout en entrant l'époux dit : J'ai vendu
Notre cuvier. Combien? dit Madame Anne.
Quinze beaux francs. Vas, tu n'es qu'un gros âne,
Repartit-elle, et je t'ai d'un écu
Fait aujourd'hui profit par mon adresse,
L'ayant vendu six écus avant toi.
Le marchand voit s'il est de bon aloi,
Et par dedans le tâte piece à piece,
Examinant si tout est comme il faut,
Si quelque endroit n'a point quelque défaut.
Que ferois-tu, malheureux, sans ta femme?
Monsieur s'en va chopinant, cependant
Qu'on se tourmente ici le corps et l'ame :
Il faut agir sans cesse en l'attendant.

Je n'ai goûté jusqu'ici nulle joie :
J'en goûterai désormais, attens-t'y:
Voyez un peu : le galant a bon foie.
Je suis d'avis qu'on laisse à tel mari
Telle moitié. Doucement, notre épouse,
Dit le bon homme. Or sus, Monsieur, sortez ;
Ça que je racle un peu de tous côtés
Votre cuvier, et puis que je l'arrouse ;
Par ce moyen vous verrez s'il tient eau :
Je vous répons qu'il n'est moins bon que beau.
Le galant sort ; l'époux entre en sa place,
Racle par-tout, la chandelle à la main,
Deçà, delà, sans qu'il se doute brin
De ce qu'Amour en dehors vous lui brasse.
Rien n'en put voir ; et pendant qu'il repasse
Sur chaque endroit, affublé du cuveau,
Les dieux susdits lui viennent de nouveau
Rendre visite, imposant un ouvrage
A nos amans bien différent du sien.
Il regratta, gratta, frotta si bien,
Que notre couple, ayant repris courage,
Reprit aussi le fil de l'entretien
Qu'avoit troublé le galant personnage.
Dire comment le tout put se passer,
Ami lecteur, tu dois m'en dispenser :

Suffit que j'ai très-bien prouvé ma thèse.
Ce tour fripon du couple augmentoit l'aise.
Nul d'eux n'étoit à tels jeux aprentif :
Soyez amant, vous serez inventif.

LA CHOSE IMPOSSIBLE

Un démon plus noir que malin,
Fit un charme si souverain
Pour l'amant de certaine belle,
Qu'à la fin celui-ci posséda sa cruelle.
Le pact de notre amant et de l'esprit follet,
Ce fut que le premier jouiroit à souhait
  De sa charmante inexorable.
Je te la rends dans peu, dit Satan, favorable ;
Mais par tel si, qu'au lieu qu'on obéit au diable,
  Quand il a fait ce plaisir-là,
A tes commandemens le diable obéira,
 Sur l'heure même ; et puis sur la même heure
Ton serviteur Lutin, sans plus longue demeure,
Ira te demander autre commandement,
  Que tu lui feras promptement,
 Toujours ainsi sans nul retardement ;
  Sinon ni ton corps ni ton ame
  N'appartiendront plus à ta dame ;
Ils seront à Satan, et Satan en fera
  Tout ce que bon lui semblera.
  Le galant s'accorde à cela.
  Commander, étoit-ce un mystère ?
  Obéir est bien autre affaire.

Sur ce penser-là notre amant
S'en va trouver sa belle, en a contentement,
Goûte des voluptés qui n'ont point de pareilles,
Se trouve très-heureux ; hormis qu'incessamment
  Le diable étoit à ses oreilles.
  Alors l'amant lui commandoit
  Tout ce qui lui venoit en tête :
De bâtir des palais, d'exciter la tempête ;
En moins d'un tour de main cela s'accomplissoit.
  Mainte pistole se glissoit
  Dans l'escarcelle de notre homme.
  Il envoyoit le diable à Rome,
Le diable revenoit tout chargé de pardons.
  Aucuns voyages n'étoient longs,
  Aucune chose mal-aisée.
  L'amant, à force de rêver
Sur les ordres nouveaux qu'il lui fallut trouver,
  Vit bientôt sa cervelle usée.
Il s'en plaignit à sa divinité ;
Lui dit de bout en bout toute la vérité.
Quoi ! ce n'est que cela ? lui repartit la dame :
  Je vous aurai bientôt tiré
  Une telle épine de l'ame.
Quand le diable viendra, vous lui présenterez
  Ce que je tiens, et lui direz :

IMPOSSIBLE.

Défrise-moi ceci; fais tant par tes journées
Qu'il devienne tout plat. Lors elle lui donna
      Je ne sçais quoi qu'elle tira
Du verger de Cypris, labyrinte des fées,
Ce qu'un duc autrefois jugea si précieux,
Qu'il voulut l'honorer d'une chevalerie;
      Illustre et noble confrairie,
      Moins pleine d'hommes que de dieux.
L'amant dit au démon : C'est ligne circulaire
Et courbe que ceci; je t'ordonne d'en faire
      Ligne droite et sans nuls retours.
      Va-t-en y travailler, et cours.
      L'esprit s'en va, n'a point de cesse,
      Qu'il n'ait mis le fil sous la presse,
Tâché de l'applatir à grands coups de marteau,
      Fait séjourner au fond de l'eau,
Sans que la ligne fût d'un seul point étendue.
      De quelque tour qu'il se servît,
Quelque secret qu'il eût, quelque charme qu'il fît,
      C'étoit temps et peine perdue :
      Il ne put mettre à la raison
      La toison.
Elle se révoltoit contre le vent, la pluie,
La neige, les brouillards : plus Satan y touchoit,
      Moins l'annelure se lâchoit.

Qu'est ceci, disoit-il? je ne vis de ma vie
Chose de telle étoffe : il n'est point de lutin
    Qui n'y perdît tout son latin.
    Messire diable, un beau matin,
S'en va trouver son homme, et lui dit : Je te laisse;
Apprens-moi seulement ce que c'est que cela :
    Je te le rends ; tiens, le voilà :
    Je suis *victus*, je le confesse.
    Notre ami monsieur le Luiton,
Dit l'homme, vous perdez un peu trop tôt courage;
Celui-ci n'est pas seul, et plus d'un compagnon
    Vous auroit taillé de l'ouvrage.

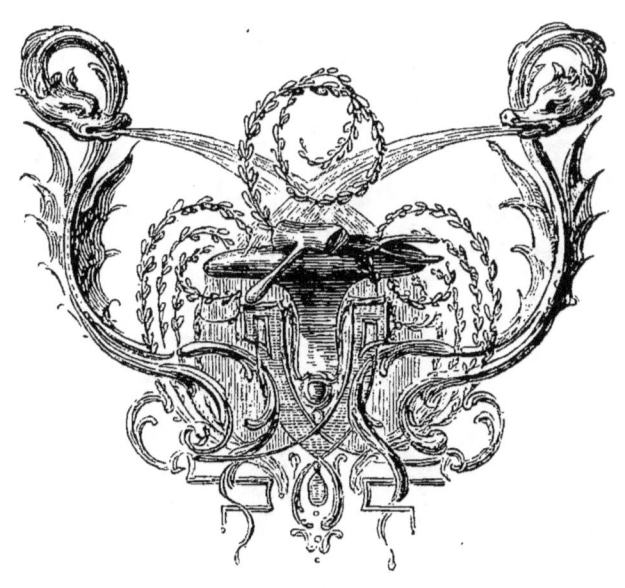

LE TABLEAU

On m'engage à conter d'une manière honnête
　　　Le sujet d'un de ces tableaux
　　　Sur lesquels on met des rideaux.
　　　Il me faut tirer de ma tête
Nombre de traits nouveaux, piquants et délicats,
　　　Qui disent et ne disent pas,
　　　Et qui soient entendus sans notes
　　　Des Agnès même les plus sottes :
Ce n'est pas coucher gros ; ces extrêmes Agnès
　　　Sont oiseaux qu'on ne vit jamais.
Toute matrone sage, à ce que dit Catulle,
Regarde volontiers le gigantesque don
Fait au fruit de Vénus, par la main de Junon.
A ce plaisant objet, si quelqu'une recule,
　　　Cette quelqu'une dissimule.
Ce principe posé, pourquoi plus de scrupule,
Pourquoi moins de licence aux oreilles qu'aux yeux ?
Puisqu'on le veut ainsi, je ferai de mon mieux :
Nuls traits à découvert n'auront ici de place ;
Tout y sera voilé, mais de gaze, et si bien,
　　　Que je crois qu'on ne perdra rien.
Qui pense finement, et s'exprime avec grace,
　　　Fait tout passer ; car tout passe :

LE TABLEAU.

       Je l'ai cent fois éprouvé.
       Quand le mot est bien trouvé,
Le sexe en sa faveur à la chose pardonne :
Ce n'est plus elle alors, c'est elle encor pourtant.
       Vous ne faites rougir personne,
       Et tout le monde vous entend.
J'ai besoin aujourd'hui de cet art important.
Pourquoi? me dira-t-on, puisque sur ces merveilles
Le sexe porte l'œil sans toutes ces façons?
Je réponds à cela : Chastes sont ses oreilles,
       Encor que les yeux soient fripons.
Je veux, quoi qu'il en soit, expliquer à des belles
Cette chaise rompue, et ce rustre tombé :
Muses, venez m'aider; mais vous êtes pucelles,
Au joli jeu d'amour ne sçachant ni A ni B.
Muses, ne bougez donc; seulement, par bonté,
Dites au dieu des vers que dans mon entreprise
       Il est bon qu'il me favorise,
       Et de mes mots fasse le choix,
       Ou je dirai quelque sottise
Qui me fera donner du busque sur les doigts.
C'est assez raisonner, venons à la peinture.
       Elle contient une aventure
       Arrivée au pays d'amours.
       JADIS la ville de Cythere

LE TABLEAU.

Avoit en l'un de ses faubourgs
  Un monastere.
 Vénus en fit un séminaire :
Il étoit de nonnains, et je puis dire ainsi
  Qu'il étoit de galans aussi.
  En ce lieu hantoient d'ordinaire
Gens de cour, gens de ville et sacrificateurs,
   Et docteurs.
Et bacheliers sur-tout. Un de ce dernier ordre
Passoit dans la maison pour être des amis ;
Propre, toujours rasé, bien disant, et beau fils ;
Sur son chapeau luisant, sur son rabat bien mis
  La médisance n'eût sçu mordre.
  Ce qu'il avoit de plus charmant,
C'est que deux des nonnains alternativement
  En tiroient maint et maint service.
L'une n'avoit quitté les atours de novice
Que depuis quelques mois ; l'autre encor les portoit :
  La moins jeune à peine comptoit
  Un an entier par-dessus treize ;
  Age propre à soutenir thèse,
  Thèse d'amour : le bachelier
  Leur avoit rendu familier
  Chaque point de cette science,
  Et le tout par expérience.

Une assignation pleine d'impatience
Fut un jour par les sœurs donnée à cet amant ;
Et pour rendre complet le divertissement,
Bacchus avec Cérès, de qui la compagnie
   Met Vénus en train bien souvent,
Devoient être ce coup de la cérémonie.
Propreté toucha seule aux apprêts du régal :
Elle sçut s'en tirer avec beaucoup de grace.
Tout passa par ses mains, et le vin, et la glace,
   Et les carafes de cristal.
On s'y seroit miré. Flore à l'haleine d'ambre
   Sema de fleurs toute la chambre :
Elle en fit un jardin. Sur le linge ces fleurs
Formoient des lacs d'amour, et le chiffre des sœurs.
   Leurs cloîtrieres excellences
   Aimoient fort ces magnificences :
C'est un plaisir de nonne. Au reste leur beauté
Aiguisoit l'appétit aussi de son côté.
   Mille secretes circonstances
   De leurs corps polis et charmans
   Augmentoient l'ardeur des amans.
Leur taille étoit presque semblable :
Blancheur, délicatesse, embonpoint raisonnable,
Fermeté, tout charmoit, tout étoit fait au tour.
   En mille endroits nichoit l'amour,

Sous une guimpe, un voile, et sous un scapulaire,
Sous ceci, sous cela, que voit peu l'œil du jour,
Si celui du galant ne l'appelle au mystere.
   A ces sœurs l'enfant de Cythere
   Mille fois le jour s'en venoit
   Les bras ouverts, et les prenoit
   L'une après l'autre pour sa mere.
Tel ce couple attendoit le bachelier trop lent;
   Et de lui, tout en l'attendant,
Elles disoient du mal, puis du bien, puis les belles
   Imputoient son retardement
   A quelques amitiés nouvelles.
Qui peut le retenir? disoit l'une. Est-ce amour?
   Est-ce affaire? Est-ce maladie?
   Qu'il y revienne de sa vie,
   Disoit l'autre; il aura son tour.
Tandis qu'elles cherchoient là-dessous du mystere,
Passe un mazet portant à la dépositaire
   Certain fardeau peu nécessaire.
Ce n'étoit qu'un prétexte, et selon qu'on m'a dit,
Cette dépositaire ayant grand appétit,
Faisoit sa portion des talens de ce rustre,
Tenu dans tel repas pour un traiteur illustre.
Le coquin, lourd d'ailleurs et de très-court esprit,
   A la cellule se méprit.

Il alla chez les attendantes
Frapper avec ses mains pesantes.
On ouvre, on est surpris, on le maudit d'abord,
Puis on voit que c'est un trésor.
Les nonnains s'éclatent de rire.
Toutes deux commencent à dire,
Comme si toutes deux s'étoient donné le mot,
Servons-nous de ce maître sot.
Il vaut bien l'autre; que t'en semble?
La professe ajouta : C'est très-bien avisé.
Qu'attendions-nous ici? Qu'il nous fût débité
De beaux discours? Non, non, ni rien qui leur ressemble.
Ce pitaut doit valoir, pour le point souhaité,
Bachelier et docteur ensemble.
Elle en jugeoit très-bien : la taille du garçon,
Sa simplicité, sa façon,
Et le peu d'intérêt qu'en tout il sembloit prendre,
Faisoient de lui beaucoup attendre.
C'étoit l'homme d'Esope : il ne songeoit à rien,
Mais il buvoit et mangeoit bien;
Et si Xantus l'eût laissé faire,
Il auroit poussé loin l'affaire.
Ainsi bientôt apprivoisé,
Il se trouva tout disposé
Pour exécuter sans remise

Les ordres des nonnains, les servant à leur guise
  Dans son office de mazet,
Dont il lui fut donné par les sœurs un brevet.
  Ici la peinture commence :
  Nous voilà parvenus au point.
  Dieu des vers, ne me quitte point ;
  J'ai recours à ton assistance.
  Dis-moi pourquoi ce rustre assis,
Sans peine de sa part, et très-fort à son aise,
Laisse le soin de tout aux amoureux soucis
  De sœur Claude et de sœur Thérèse.
N'auroit-il pas mieux fait de leur donner la chaise ?
Il me semble déja que je vois Apollon
  Qui me dit : Tout beau ; ces matieres
  A fond ne s'examinent gueres.
J'entens ; et l'amour est un étrange garçon.
  J'ai tort d'ériger un fripon
  En maître de cérémonies.
  Dès qu'il entre en une maison,
  Règles et loix en sont bannies :
  Sa fantaisie est sa raison.
Le voilà qui rompt tout ; c'est assez sa coutume.
Ses jeux sont violens. A terre on vit bientôt
Le galant cathédral. Ou soit par le défaut
De la chaise un peu foible, ou soit que du pitaut

Le corps ne fût pas fait de plume,
Ou soit que sœur Thérèse eût chargé d'action
Son discours véhément et plein d'émotion,
On entendit craquer l'amoureuse tribune :
Le rustre tombe à terre en cette occasion.
    Ce premier point eut par fortune
    Malheureuse conclusion.
Censeurs, n'approchez point d'ici votre œil profane.
Vous gens de bien, voyez comme sœur Claude mit
    Un tel incident à profit.
Thérèse en ce malheur perdit la tramontane :
Claude la débusqua, s'emparant du timon ;
    Thérèse pire qu'un démon
Tâche à la retirer, et se remettre au trône ;
    Mais celle-ci n'est pas personne
    A céder un poste si doux.
    Sœur Claude, prenez garde à vous ;
    Thérèse en veut venir aux coups ;
Elle a le poing levé. Qu'elle ait. C'est bien répondre ;
Quiconque est occupé comme vous, ne sent rien.
Je ne m'étonne pas que vous sçachiez confondre
    Un petit mal dans un grand bien.
    Malgré la colere marquée
    Sur le front de la débusquée,
Claude suit son chemin ; le rustre aussi le sien :

Thérèse est mal contente et gronde.
Les plaisirs de Vénus sont sources de débats ;
　　　Leur fureur n'a point de seconde.
　　　J'en prens à témoin les combats
　　　Qu'on vit sur la terre et sur l'onde,
　　　Lorsque Pâris à Ménélas
　　　Ota la merveille du monde.
　　　Quoique Bellone ait part ici,
　　　J'y vois peu de corps de cuirasse :
　　　Dame Vénus se couvre ainsi,
Quand elle entre en champ clos avec le Dieu de Thrace,
　　　Cette armure a beaucoup de grace.
Belles, vous m'entendez ; je n'en dirai pas plus :
　　　L'habit de guerre de Vénus
　　　Est plein de choses admirables :
　　　Les cyclopes aux membres nus
Forgent peu de harnois qui lui soient comparables.
Celui du preux Achille auroit été plus beau,
Si Vulcan eût dessus gravé notre tableau.
Or ai-je des nonnains mis en vers l'aventure,
Mais non avec des traits dignes de l'action ;
Et comme celle-ci déchet dans la peinture,
La peinture déchet dans ma description :
Les mots et les couleurs ne sont choses pareilles,
　　　Ni les yeux ne sont les oreilles.

J'ai laissé long-temps au filet
Sœur Thérèse la détrônée.
Elle eut son tour : notre mazet
Partagea si bien sa journée
Que chacun fut content. L'histoire finit là :
Du festin pas un mot. Je veux croire, et pour cause,
Que l'on but et que l'on mangea ;
Ce fut l'intermède et la pause.
Enfin tout alla bien ; hormis qu'en bonne foi
L'heure du rendez-vous m'embarrasse ; et pourquoi ?
Si l'amant ne vint pas, sœur Claude et sœur Thérèse
Eurent à tout le moins de quoi se consoler :
S'il vint, on sçut cacher le lourdaut et la chaise.
L'amant trouva bientôt encore à qui parler.

LE BAT

Un peintre étoit, qui jaloux de sa femme,
Allant aux champs, lui peignit un baudet
Sur le nombril, en guise de cachet.
Un sien confrere amoureux de la dame,
Là va trouver, et l'âne efface net,
Dieu sçait comment; puis un autre en remet,
Au même endroit, ainsi que l'on peut croire.
A celui-ci, par faute de mémoire,
Il mit un bât; l'autre n'en avoit point.
L'époux revient, veut s'éclaircir du point.
Voyez, mon fils, dit la bonne commere;
L'âne est témoin de ma fidélité.
Diantre soit fait, dit l'époux en colere,
Et du témoin, et de qui l'a bâté.

LE FAISEUR D'OREILLES

ET

LE RACCOMMODEUR DE MOULES

*Conte tiré des Cent Nouvelles nouvelles
et d'un Conte de Boccace.*

SIRE Guillaume allant en marchandise,
Laissa sa femme enceinte de six mois,
Simple, jeunette, et d'assez bonne guise,
Nommée Alix, du pays champenois.
Compere André l'alloit voir quelquefois :
A quel dessein ? Besoin n'est de le dire,
Et Dieu le sçait : c'étoit un maître sire ;
Il ne tendoit guère en vain ses filets ;
Ce n'étoit pas autrement sa coutume :
Sage eût été l'oiseau qui de ses rets
Se fût sauvé sans laisser quelque plume.
Alix étoit fort neuve sur ce point.
Le trop d'esprit ne l'incommodoit point :
De ce défaut on n'accusoit la belle.
Elle ignoroit les malices d'amour :
La pauvre dame alloit tout devant elle,

Et n'y sçavoit ni finesse ni tour.
Son mari donc se trouvant en emplette,
Elle au logis, en sa chambre seulette,
André survient, qui sans long compliment
La considere, et lui dit froidement :
Je m'ébahis comme au bout du royaume
S'en est allé le compere Guillaume,
Sans achever l'enfant que vous portez ;
Car je vois bien qu'il lui manque une oreille :
Votre couleur me le démontre assez,
En ayant vu mainte épreuve pareille.
Bonté de Dieu ! reprit-elle aussi-tôt,
Que dites-vous ? Quoi, d'un enfant monaut
J'accoucherois ? N'y sçavez-vous remede ?
Si dà, fit-il, je vous puis donner aide
En ce besoin, et vous jurerai bien
Qu'autre que vous ne m'en feroit tant faire :
Le mal d'autrui ne me tourmente en rien,
Fors excepté ce qui touche au compere :
Quant à ce point, je m'y ferois mourir.
Or essayons, sans plus en discourir,
Si je suis maître à forger des oreilles.
Souvenez-vous de les rendre pareilles,
Reprit la femme. Allez, n'ayez souci,
Répliqua-t-il ; je prends sur moi ceci.

Puis le galant montre ce qu'il sçait faire.
Tant ne fut nice (encor que nice fût)
Madame Alix, que le jeu ne lui plût.
Philosopher ne faut pour cette affaire.
André vaquoit de grande affection
A son travail; faisant ore un tendon,
Ore un repli, puis quelque cartilage,
Et n'y plaignant l'étoffe et la façon.
Demain, dit-il, nous polirons l'ouvrage;
Puis le mettrons en sa perfection,
Tant et si bien qu'en ayez bonne issue.
Je vous en suis, dit-elle, bien tenue :
Bon fait avoir ici-bas un ami.
Le lendemain, pareille heure venue,
Compere André ne fut pas endormi.
Il s'en alla chez la pauvre innocente :
Je viens, dit-il, toute affaire cessante,
Pour achever l'oreille que sçavez;
Et moi, dit-elle, allois par un message
Vous avertir de hâter cet ouvrage :
Montons en haut. Dès qu'ils furent montés,
On poursuivit la chose encommencée.
Tant fut ouvré, qu'Alix dans la pensée
Sur cette affaire un scrupule se mit;
Et l'innocente au bon apôtre dit :

Si cet enfant avoit plusieurs oreilles,
Ce ne seroit à vous bien besogné.
Rien, rien, dit-il ; à cela j'ai soigné :
Jamais ne faux en rencontres pareilles.
Sur le métier l'oreille estoit encor,
Quand le mari revient de son voyage,
Caresse Alix qui, du premier abord :
Vous aviez fait, dit-elle, un bel ouvrage :
Nous en tenions sans le compere André ;
Et notre enfant d'une oreille eût manqué.
Souffrir n'ai pu chose tant indécente.
Sire André donc, toute affaire cessante,
En a fait une. Il ne faut oublier
De l'aller voir, et l'en remercier :
De tels amis on a toujours affaire.
Sire Guillaume, au discours qu'elle fit,
Ne comprenant comme il se pouvoit faire
Que son épouse eût eu si peu d'esprit,
Par plusieurs fois lui fit faire un récit
De tout le cas. Puis, outré de colere,
Il prit une arme à côté de son lit,
Voulut tuer la pauvre Champenoise,
Qui prétendoit ne l'avoir mérité.
Son innocence et sa naïveté,
En quelque sorte appaiserent la noise.

Hélas! monsieur, dit la belle en pleurant,
En quoi vous puis-je avoir fait du dommage?
Je n'ai donné vos draps ni votre argent;
Le compte y est; et quant au demeurant,
André me dit, quand il parfit l'enfant,
Qu'en trouveriez plus que pour votre usage :
Vous pouvez voir; si je ments, tuez-moi :
Je m'en rapporte à votre bonne-foi.
L'époux, sortant quelque peu de colere,
Lui répondit : Or bien, n'en parlons plus ;
On vous l'a dit, vous avez cru bien faire,
J'en suis d'accord ; contester là-dessus
Ne produiroit que discours superflus :
Je n'ai qu'un mot. Faites demain en sorte
Qu'en ce logis j'attrape ce galant :
Ne parlez point de notre différend ;
Soyez secrete, ou bien vous êtes morte.
Il vous le faut avoir adroitement ;
Me feindre absent, en un second voyage,
Et lui mander, par lettre ou par message,
Que vous avez à lui dire deux mots.
André viendra; puis de quelque propos
L'amuserez, sans toucher à l'oreille ;
Car elle est faite, il n'y manque plus rien.
Notre innocente exécuta très-bien

L'ordre donné : ce ne fut pas merveille ;
La crainte donne aux bêtes de l'esprit.
André venu, l'époux guère ne tarde,
Monte, et fait bruit. Le compagnon regarde
Où se sauver : nul endroit il ne vit,
Qu'une ruelle en laquelle il se mit.
Le mari frappe ; Alix ouvre la porte,
Et de la main fait signe incontinent
Qu'en la ruelle est caché le galant.
Sire Guillaume étoit armé de sorte
Que quatre Andrés n'auroient pu l'étonner.
Il sort pourtant et va querir main forte,
Ne le voulant sans doute assassiner ;
Mais quelque oreille au pauvre homme couper,
Peut-être pis ; ce qu'on coupe en Turquie,
Pays cruel et plein de barbarie.
C'est ce qu'il dit à sa femme tout bas :
Puis l'emmena, sans qu'elle osât rien dire ;
Ferma très-bien la porte sur le sire.
André se crut sorti d'un mauvais pas,
Et que l'époux ne sçavoit nulle chose.
Sire Guillaume, en rêvant à son cas,
Change d'avis, en soi-même propose
De se venger avecque moins de bruit,
Moins de scandale, et beaucoup plus de fruit.

Alix, dit-il, allez quérir la femme
Du sire André, contez-lui votre cas.
De bout en bout; courez, n'y manquez pas.
Pour l'amener vous direz à la dame
Que son mari court un péril très-grand;
Que je vous ai parlé d'un châtiment
Qui la regarde, et qu'aux faiseurs d'oreilles
On fait souffrir, en rencontres pareilles :
Chose terrible, et dont le seul penser
Vous fait dresser les cheveux à la tête;
Que son époux est tout prêt d'y passer;
Qu'on n'attend qu'elle, afin d'être à la fête;
Que toutefois, comme elle n'en peut mais,
Elle pourra faire changer la peine.
Amenez-la, courez : je vous promets
D'oublier tout, moyennant qu'elle vienne.
Madame Alix bien joyeuse s'en fut
Chez sire André, dont la femme accourut
En diligence, et quasi hors d'haleine;
Puis monta seule, et ne voyant André,
Crut qu'il étoit quelque part enfermé.
Comme la dame étoit en ses alarmes,
Sire Guillaume ayant quitté ses armes,
La fait asseoir, et puis commence ainsi :
L'ingratitude est mere de tout vice.

André m'a fait un notable service ;
Parquoi devant que vous sortiez d'ici,
Je lui rendrai, si je puis, la pareille.
En mon absence il a fait une oreille
Au fruit d'Alix : je veux d'un si bon tour
Me revancher ; et je pense une chose :
Tous vos enfans ont le nez un peu court ;
Le moule en est assûrément la cause.
Or je les sçais des mieux raccommoder.
Mon avis donc est que, sans retarder,
Nous pourvoyons de ce pas à l'affaire.
Disant ces mots, il vous prend la commere,
Et près d'André la jeta sur le lit,
Moitié raisin, moitié figue en jouit.
La dame prit le tout en patience ;
Bénit le ciel de ce que la vengeance
Tomboit sur elle, et non sur sire André,
Tant elle avoit pour lui de charité.
Sire Guillaume étoit de son côté
Si fort ému, tellement irrité,
Qu'à la pauvrette il ne fit nulle grace
Du talion, rendant à son époux
Fèves pour pois, et pain blanc pour fouace.
Qu'on dit bien vrai, que se venger est doux !
Très-sage fut d'en user de la sorte.

Puisqu'il vouloit son honneur réparer,
Il ne pouvoit mieux que par cette porte
D'un tel affront, à mon sens, se tirer.
André vit tout, et n'osa murmurer ;
Jugea des coups, mais ce fut sans rien dire,
Et loua Dieu que le mal n'étoit pire.
Pour une oreille il auroit composé ;
Sortir à moins, c'étoit pour lui merveilles :
Je dis à moins ; car mieux vaut, tout prisé,
Cornes gagner que perdre ses oreilles.

LE FLEUVE SCAMANDRE

ME voilà prêt à conter de plus belle ;
Amour le veut, et rit de mon serment :
Hommes et dieux, tout est sous sa tutelle ;
Tout obéit, tout cède à cet enfant.
J'ai désormais besoin, en le chantant,
De traits moins forts et déguisant la chose ;
Car, après tout, je ne veux être cause
D'aucun abus : que plutôt mes écrits
Manquent de sel, et ne soient d'aucun prix !
Si dans ces vers j'introduis et je chante
Certain trompeur et certaine innocente,
C'est dans la vue et dans l'intention
Qu'on se méfie en telle occasion :
J'ouvre l'esprit, et rends le sexe habile
A se garder de ces piéges divers.
Sotte ignorance en fait trébucher mille,
Contre une seule à qui nuiroient mes vers.
J'ai lu qu'un orateur estimé dans la Grèce,
Des beaux arts autrefois souveraine maîtresse,
Banni de son pays, voulut voir le séjour
Où subsistoient encor les ruines de Troie ;
Cimon, son camarade, eut sa part de la joie.

Du débris d'Ilion s'étoit construit un bourg
Noble par ses malheurs : là Priam et sa cour
N'étoient plus que des noms, dont le temps fait sa proie.
Ilion, ton nom seul a des charmes pour moi;
Lieu fécond en sujets propres à notre emploi,
Ne verrai-je jamais rien de toi, ni la place
De ces murs élevés et détruits par des dieux,
Ni ces champs où couroient la fureur et l'audace,
Ni des temps fabuleux enfin la moindre trace
Qui pût me présenter l'image de ces lieux !
Pour revenir au fait, et ne point trop m'étendre,
   Cimon, le héros de ces vers,
   Se promenoit près du Scamandre.
Une jeune ingénue en ce lieu se vint rendre,
Et goûter la fraîcheur sur ces bords toujours verds :
Son voile au gré des vents va flottant dans les airs;
Sa parure est sans art; elle a l'air de bergere,
Une beauté naïve, une taille légere.
Cimon en est surpris, et croit que sur ces bords
Vénus vient étaler ses plus rares trésors.
Un antre étoit auprès : l'innocente pucelle
Sans soupçon y descend, aussi simple que belle.
Le chaud, la solitude et quelque dieu malin
L'inviterent d'abord à prendre un demi-bain.
Notre banni se cache : il contemple, il admire,

Il ne sçait quels charmes élire ;
Il dévore des yeux et du cœur cent beautés.
Comme on étoit rempli de ces divinités
      Que la Fable a dans son empire,
Il songe à profiter de l'erreur de ces tems,
Prend l'air d'un dieu des eaux, mouille ses vêtemens,
Se couronne de joncs et d'herbe degouttante,
Puis invoque Mercure et le dieu des amans :
Contre tant de trompeurs qu'eût fait une innocente ?
La belle enfin découvre un pied dont la blancheur
      Auroit fait honte à Galatée,
      Puis le plonge en l'onde argentée,
Et regarde ses lis, non sans quelque pudeur.
Pendant qu'à cet objet sa vue est arrêtée,
Cimon approche d'elle : elle court se cacher
      Dans le plus profond du rocher.
Je suis, dit-il, le dieu qui commande à cette onde ;
Soyez-en la déesse, et régnez avec moi.
Peu de fleuves pourroient dans leur grotte profonde
Partager avec vous un aussi digne emploi.
Mon cristal est très-pur ; mon cœur l'est davantage :
Je couvrirai pour vous de fleurs tout ce rivage,
Trop heureux si vos pas le daignent honorer,
Et qu'au fond de mes eaux vous daigniez vous mirer.
      Je rendrai toutes vos compagnes

Nymphes aussi, soit aux montagnes,
Soit aux eaux, soit aux bois; car j'étends mon pouvoir
Sur tout ce que votre œil à la ronde peut voir.
L'éloquence du dieu, la peur de lui déplaire,
Malgré quelque pudeur qui gâtoit le mystere,
  Conclurent tout en peu de tems.
La superstition cause mille accidens.
On dit même qu'Amour intervint à l'affaire.
Tout fier de ce succès, le banni dit adieu.
  Revenez, dit-il, en ce lieu :
  Vous garderez que l'on ne sçache
  Un hymen qu'il faut que je cache :
Nous le déclarerons, quand j'en aurai parlé
Au conseil qui sera dans l'Olympe assemblé.
La nouvelle déesse à ces mots se retire,
Contente! Amour le sçait. Un mois se passe et deux,
Sans que pas un du bourg s'apperçut de leurs jeux.
O mortels! est-il dit qu'à force d'être heureux,
Vous ne le soyez plus? Le banni, sans rien dire,
Ne va plus visiter cet antre si souvent.
  Une noce enfin arrivant,
Tous pour la voir passer sous l'orme se vont rendre.
La belle apperçoit l'homme, et crie en ce moment :
  Ah! voilà le fleuve Scamandre.
On s'étonne, on la presse, elle dit bonnement

Que son hymen se va conclure au firmament ;
On en rit, car que faire ? Aucuns à coups de pierre
Poursuivirent le dieu qui s'enfuit à grand'erre ;
D'autres rirent sans plus. Je crois qu'en ce tems-ci
L'on feroit au Scamandre un très-méchant parti.
  En ce tems-là semblables crimes
S'excusoient aisément : tous tems, toutes maximes.
L'épouse du Scamandre en fut quitte à la fin
  Pour quelques traits de raillerie :
Même un de ses amans l'en trouva plus jolie :
C'est un goût : il s'offrit à lui donner la main.
Les dieux ne gâtent rien ; puis quand ils seroient cause
Qu'une fille en valût un peu moins, dotez-la ;
  Vous trouverez qui la prendra :
  L'argent répare toute chose.

LA CONFIDENTE SANS LE SÇAVOIR

OU LE STRATAGÈME.

E ne connois rhéteur ni maître ès arts
Tel que l'Amour : il excelle en bien dire.
Ses argumens, ce sont de doux regards,
De tendres pleurs, un gracieux sourire.
La guerre aussi s'exerce en son empire :
Tantôt il met aux champs ses étendards ;
Tantôt, couvrant sa marche et ses finesses,
Il prend des cœurs entourés de remparts.
Je le soutiens, posez deux forteresses ;
Qu'il en batte une, une autre le dieu Mars ;
Que celui-ci fasse agir tout un monde,
Qu'il soit armé, qu'il ne lui manque rien ;
Devant son fort je veux qu'il se morfonde :
Amour tout nud fera rendre le sien ;
C'est l'inventeur des tours et stratagèmes.
J'en vais dire un de mes plus favoris.
J'en ai bien lu, j'en vois pratiquer mêmes,
Et d'assez bons, qui ne sont rien au prix.
La jeune Aminte à Géronte donnée
Méritoit mieux qu'un si triste hyménée ;
Elle avoit pris en cet homme un époux
Mal-gracieux, incommode et jaloux.
Il étoit vieux ; elle, à peine en cet âge

Où quand un cœur n'a point encore aimé,
D'un doux objet il est bientôt charmé.
Celui d'Aminte ayant sur son passage
Trouvé Cléon, beau, bien fait, jeune et sage,
Il s'acquitta de ce premier tribut,
Trop bien peut-être, et mieux qu'il ne fallût :
Non toutefois que la belle n'oppose
Devoir et tout à ce doux sentiment;
Mais lors qu'Amour prend le fatal moment,
Devoir et tout, et rien, c'est même chose.
Le but d'Aminte en cette passion
Etoit, sans plus, la consolation
D'un entretien sans crime, où la pauvrette
Versât ses soins en une ame discrette.
Je croirois bien qu'ainsi l'on le prétend;
Mais l'appétit vient toujours en mangeant :
Le plus sûr est ne se point mettre à table.
Aminte croit rendre Cléon traitable :
Pauvre ignorante! Elle songe au moyen
De l'engager à ce simple entretien,
De lui laisser entrevoir quelque estime,
Quelque amitié, quelque chose de plus,
Sans y mêler rien que de légitime :
Plutôt la mort empêchât tel abus!
Le point étoit d'entamer cette affaire.

Les lettres sont un étrange mystere;
Il en provient maint et maint accident.
Le meilleur est quelque sûr confident.
Où le trouver? Géronte est homme à craindre.
J'ai dit tantôt qu'Amour sçavoit atteindre
A ses desseins d'une ou d'autre façon;
Ceci me sert de preuve et de leçon.
Cléon avoit une vieille parente,
Sévere et prude, et qui s'attribuoit
Autorité sur lui de gouvernante.
Madame Alis (ainsi on l'appeloit)
Par un beau jour eut de la jeune Aminte
Ce compliment, ou plutôt cette plainte :
Je ne sçais pas pourquoi votre parent,
Qui m'est et fut toujours indifférent,
Et le sera tout le tems de ma vie,
A de m'aimer conçu la fantaisie.
Sous ma fenêtre il passe incessamment;
Je ne sçaurois faire un pas seulement,
Que je ne l'aye aussitôt à mes trousses;
Lettres, billets pleins de paroles douces,
Me sont donnés par une dont le nom
Vous est connu; je le tais pour raison.
Faites cesser, pour Dieu, cette poursuite;
Elle n'aura qu'une mauvaise suite.

Mon mari peut prendre feu là-dessus.
Quant à Cléon, ses pas sont superflus ;
Dites-le-lui de ma part, je vous prie.
Madame Alis la loue, et lui promet
De voir Cléon, de lui parler si net
Que de l'aimer il n'aura plus d'envie.
Cléon va voir Alis le lendemain :
Elle lui parle, et le pauvre homme nie,
Avec serment, qu'il eût un tel dessein.
Madame Alis l'appelle enfant du diable :
Tout vilain cas, dit-elle, est reniable ;
Ces sermens vains et peu dignes de foi
Mériteroient qu'on vous fît votre sausse.
Laissons cela : la chose est vraie ou fausse ;
Mais fausse ou vraie, il faut, et croyez-moi,
Vous mettre bien dans la tête qu'Aminte
Est femme sage, honnête, et hors d'atteinte :
Renoncez-y. Je le puis aisément,
Reprit Cléon. Puis au même moment
Il va chez lui songer à cette affaire :
Rien ne lui peut débrouiller le mystere.
Trois jours n'étoient passés entierement
Que revoici chez Alis notre belle :
Vous n'avez pas, madame, lui dit-elle,
Encore vu, je pense, notre amant ;

De plus en plus sa poursuite s'augmente.
Madame Alis s'emporte, se tourmente :
Quel malheureux! puis l'autre la quittant,
Elle le mande : il vient tout à l'instant.
Dire en quels mots Alis fit sa harangue,
Il me faudroit une langue de fer ;
Et quand de fer j'aurois même la langue,
Je n'y pourrois parvenir; tout l'enfer
Fut employé dans cette réprimande.
Allez, Satan ; allez, vrai Lucifer,
Maudit de Dieu. La fureur fut si grande,
Que le pauvre homme, étourdi dès l'abord,
Ne sçut que dire; avouer qu'il eût tort,
C'étoit trahir par trop sa conscience.
Il s'en retourne, il rumine, il repense,
Il rêve tant qu'enfin il dit en soi :
Si c'étoit là quelque ruse d'Aminte ?
Je trouve, hélas! mon devoir dans sa plainte.
Elle me dit : O Cléon, aime-moi,
Aime-moi donc, en disant que je l'aime :
Je l'aime aussi, tant pour son stratagème
Que pour ses traits. J'avoue en bonne foi
Que mon esprit d'abord n'y voyait goute;
Mais à présent je ne fais aucun doute :
Aminte veut mon cœur assurément.

Ah ! si j'osois, dès ce même moment
Je l'irois voir; et, plein de confiance,
Je lui dirois quelle est la violence,
Quel est le feu dont je me sens épris !
Pourquoi n'oser? offense pour offense,
L'amour vaut mieux encor que le mépris.
Mais si l'époux m'attrapoit au logis?
Laissons-la faire, et laissons-nous conduire.
Trois autres jours n'étoient passés encor,
Qu'Aminte va chez Alis pour instruire
Son cher Cléon du bonheur de son sort.
Il faut, dit-elle, enfin que je déserte :
Votre parent a résolu ma perte ;
Il me prétend avoir par des présens :
Moi des présens ! c'est bien choisir sa femme.
Tenez, voilà rubis et diamans,
Voilà bien pis; c'est mon portrait, madame.
Assurément de mémoire on l'a fait;
Car mon époux a tout seul mon portrait.
A mon lever, cette personne honnête
Que vous sçavez, et dont je tais le nom,
S'en est venue, et m'a laissé ce don.
Votre parent mérite qu'à la tête
On le lui jette, et s'il étoit ici...
Je ne me sens presque pas de colere.

Oyez le reste : il m'a fait dire aussi
Qu'il sçait fort bien qu'aujourd'hui pour affaire
Mon mari couche à sa maison des champs ;
Qu'incontinent qu'il croira que mes gens
Seront couchés, et dans leur premier somme,
Il se rendra devers mon cabinet.
Qu'espere-t-il ? Pour qui me prend cet homme ?
Un rendez-vous ! Est-il fol en effet ?
Sans que je crains de commettre Géronte,
Je poserois tantôt un si bon guet,
Qu'il seroit pris ainsi qu'au trébuchet,
Ou s'enfuiroit avec sa courte honte.
Ces mots finis, madame Aminte sort.
Une heure après Cléon vint, et d'abord
On lui jeta les joyaux et la boete :
On l'auroit pris à la gorge au besoin.
Eh bien, cela vous semble-t-il honnête ?
Mais ce n'est rien, vous allez bien plus loin.
Alis dit lors mot pour mot ce qu'Aminte
Venoit de dire en sa derniere plainte.
Cléon se tint pour dûment averti :
J'aimois, dit-il, il est vrai, cette belle ;
Mais puisqu'il faut ne rien espérer d'elle,
Je me retire, et prendrai ce parti.
Vous ferez bien ; c'est celui qu'il faut prendre,

Lui dit Alis. Il ne le prit pourtant.
Trop bien minuit à grand'peine sonnant,
Le compagnon sans faute se va rendre
Devers l'endroit qu'Aminte avoit marqué :
Le rendez-vous étoit bien expliqué.
Ne doutez pas qu'il n'y fût sans escorte.
La jeune Aminte attendoit à la porte :
Un profond somme occupoit tous les yeux ;
Même ceux-là qui brillent dans les cieux
Etoient voilés par une épaisse nue.
Comme on avoit toute chose prévue,
Il entre vîte, et sans autre discours,
Ils vont, ils vont au cabinet d'amours.
Là le galant dès l'abord se récrie,
Comme la dame étoit jeune et jolie,
Sur sa beauté ; la bonté vint après,
Et celle-ci suivit l'autre de près.
Mais dites-moi, de grace, je vous prie,
Qui vous a fait aviser de ce tour ?
Car jamais tel ne se fit en amour :
Sur les plus fins je prétends qu'il excelle ;
Et vous devez vous-même l'avouer.
Elle rougit, et n'en fut que plus belle :
Sur son esprit, sur ses traits, sur son zèle,
Il la loua. Ne fit-il que louer ?

LE REMEDE

Si l'on se plaît à l'image du vrai,
Combien doit-on rechercher le vrai même?
J'en fais souvent dans mes contes l'essai,
Et vois toujours que sa force est extrême,
Et qu'il attire à soi tous les esprits.
Non qu'il ne faille en de pareils écrits
Feindre les noms : le reste de l'affaire
Se peut conter sans en rien déguiser;
Mais quant aux noms, il faut au moins les taire;
Et c'est ainsi que je vais en user.
Près du Mans donc, pays de sapience,
Gens pesant l'air, fine fleur de normand,
Une pucelle eut naguere un amant,
Frais, délicat, et beau par excellence;
Jeune sur-tout, à peine son menton
S'étoit vêtu de son premier coton.
La fille étoit un parti d'importance :
Charmes et dot, aucun point n'y manquoit;
Tant et si bien que chacun s'appliquoit
A la gagner; tout le Mans y couroit.
Ce fut en vain; car le cœur de la fille
Inclinoit trop pour notre jouvenceau :
Les seuls parens, par un esprit manceau,

La destinoient pour une autre famille.
Elle fit tant autour d'eux que l'amant,
Bon gré, mal gré, je ne sçais pas comment,
Eut à la fin accès chez sa maîtresse.
Leur indulgence, ou plutôt son adresse,
Peut-être aussi son sang et sa noblesse
Les fit changer, que sçai-je quoi? tout duit
Aux gens heureux; car aux autres tout nuit.
L'amant le fut: les parens de la belle
Sçurent priser son mérite et son zele.
C'étoit là tout? Eh! que faut-il encor?
Force comptant : les biens du siecle d'or
Ne sont plus biens; ce n'est qu'une ombre vaine.
O tems heureux! Je prévois qu'avec peine
Tu reviendras dans le pays du Maine:
Ton innocence eût secondé l'ardeur
De notre amant et hâté cette affaire;
Mais des parens l'ordinaire lenteur
Fit que la belle, ayant fait dans son cœur
Cet hyménée, acheva le mystere
Selon les us de l'isle de Cythere.
Nos vieux romans, en leur style plaisant,
Nomment cela *paroles de présent*.
Nous y voyons pratiquer cet usage,
Demi-amour, et demi-mariage,

LE REMEDE.

Table d'attente, avant-goût de l'hymen.
Amour n'y fit un trop long examen :
Prêtre et parent tout ensemble et notaire,
En peu de jours il consomma l'affaire :
L'esprit manceau n'eut point part à ce fait.
Voilà notre homme heureux et satisfait,
Passant les nuits avec son épousée ;
Dire comment, ce seroit chose aisée :
Les doubles clefs, le bréchet à l'enclos,
Les menus dons qu'on fit à la soubrette,
Rendoient l'époux jouissant en repos
D'une faveur douce autant que secrette.
Avint pourtant que notre belle un soir,
En se plaignant, dit à sa gouvernante,
Qui du secret n'étoit participante,
Je me sens mal ; n'y sçauroit-on pourvoir ?
L'autre reprit : Il vous faut un remede ;
Demain matin nous en dirons deux mots.
Minuit venu, l'époux mal à propos,
Tout plein encor du feu qui le possede,
Vient de sa part chercher soulagement,
Car chacun sent ici-bas son tourment.
On ne l'avoit averti de la chose.
Il n'étoit pas sur les bords du sommeil
Qui suit souvent l'amoureux appareil,

Qu'incontinent l'Aurore aux doigts de rose,
Ayant ouvert les portes d'orient,
La gouvernante ouvrit tout en riant,
Remede en main, les portes de la chambre :
Par grand bonheur il s'en rencontra deux ;
Car la saison approchoit de septembre,
Mois où le chaud et le froid sont douteux.
La fille alors ne fut pas assez fine ;
Elle n'avoit qu'à tenir bonne mine,
Et faire entrer l'amant au fond des draps,
Chose facile autant que naturelle :
L'émotion lui tourna la cervelle ;
Elle se cache elle-même, et tout bas
Dit en deux mots quel est son embarras.
L'amant fut sage ; il présenta pour elle
Ce que Brunel à Marphise montra.
La gouvernante, ayant mis ses lunettes,
Sur le galant son adresse éprouva :
Du bain interne elle le régala,
Puis dit adieu, puis après s'en alla.
Dieu la conduise, et toutes celles-là
Qui vont nuisant aux amitiés secrettes.
Si tout ceci passoit pour des sornettes
(Comme il se peut, je n'en voudrois jurer),
On chercheroit de quoi me censurer.

Les critiqueurs sont un peuple sévere :
Ils me diront : Votre belle en sortit
En fille sotte et n'ayant point d'esprit ;
Vous lui donnez un autre caractere ;
Cela nous rend suspecte cette affaire ;
Nous avons lieu d'en douter, auquel cas
Votre prologue ici ne convient pas.
Je répondrai... Mais que sert de répondre ?
C'est un procès qui n'auroit point de fin :
Par cent raisons j'aurois beau les confondre ;
Cicéron même y perdroit son latin.
Il me suffit de n'avoir en l'ouvrage
Rien avancé qu'après des gens de foi :
J'ai mes garans ; que veut-on davantage ?
Chacun ne peut en dire autant que moi.

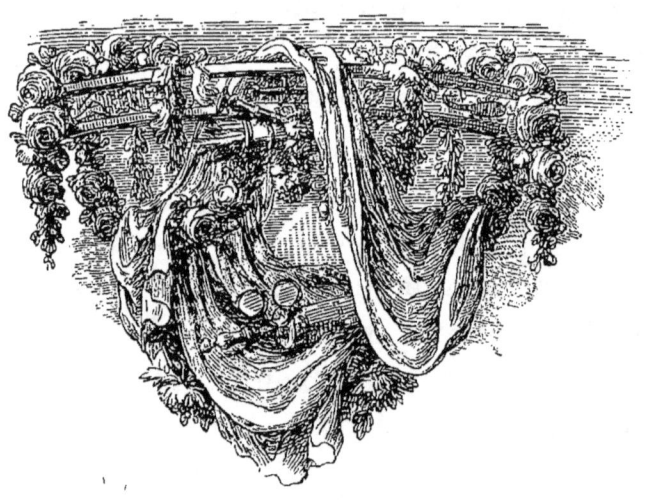

LES AVEUX INDISCRETS

ARIS, sans pair, n'avoit en son enceinte
Rien dont les yeux semblassent si ravis
Que de la belle, aimable et jeune Aminte,
Fille à pourvoir, et des meilleurs partis.
Sa mere encor la tenoit sous son aîle ;
Son pere avoit du comptant et du bien ;
Faites état qu'il ne lui manquoit rien.
Le beau Damon s'étant piqué pour elle,
Elle reçut les offres de son cœur :
Il fit si bien l'esclave de la belle,
Qu'il en devint le maître et le vainqueur ;
Bien entendu sous le nom d'hyménée :
Pas ne voudrois qu'on le crût autrement.
L'an révolu, ce couple si charmant,
Toujours d'accord, de plus en plus s'aimant
(Vous eussiez dit la premiere journée),
Se promettoit la vigne de l'abbé,
Lorsque Damon, sur ce propos tombé,
Dit à sa femme : Un point trouble mon ame ;
Je suis épris d'une si douce flâme,
Que je voudrois n'avoir aimé que vous,
Que mon cœur n'eût ressenti que vos coups,

Qu'il n'eût logé que votre seule image,
Digne, il est vrai, de son premier hommage.
J'ai cependant éprouvé d'autres feux ;
J'en dis ma coulpe, et j'en suis tout honteux.
Il m'en souvient ; la nymphe étoit gentille,
Au fond d'un bois l'Amour seul avec nous :
Il fit si bien, si mal me direz-vous,
Que de ce fait il me reste une fille.
Voilà mon sort, dit Aminte à Damon :
J'étois un jour seulette à la maison ;
Il me vint voir certain fils de famille,
Bien fait et beau, d'agréable façon :
J'en eus pitié ; mon naturel est bon :
Et pour conter tout de fil en aiguille,
Il m'est resté de ce fait un garçon.
Elle eut à peine achevé la parole,
Que du mari l'ame jalouse et folle
Au désespoir s'abandonne aussitôt.
Il sort plein d'ire, il descend tout d'un saut,
Rencontre un bât, se le met, et puis crie :
Je suis bâté. Chacun au bruit accourt,
Les pere et mere, et toute la mégnie,
Jusqu'aux voisins. Il dit, pour faire court,
Le beau sujet d'une telle folie.
Il ne faut pas que le lecteur oublie

INDISCRETS.

Que les parens d'Aminte, bons bourgeois,
Et qui n'avoient que cette fille unique,
La nourrissoient, et tout son domestique,
Et son époux, sans que, hors cette fois,
Rien eût troublé la paix de leur famille.
La mere donc s'en va trouver sa fille ;
Le pere suit, laisse sa femme entrer,
Dans le dessein seulement d'écouter.
La porte étoit entr'ouverte ; il s'approche ;
Bref il entend la noise et le reproche
Que fit sa femme à leur fille en ces mots :
Vous avez tort : j'ai vu beaucoup de sots,
Et plus encor de sottes en ma vie ;
Mais qu'on pût voir telle indiscrétion !
Qui l'auroit cru ? car enfin, je vous prie,
Qui vous forçoit ? Quelle obligation
De révéler une chose semblable ?«
Plus d'une fille a forligné : le diable
Est bien subtil ; bien malins sont les gens :
Non pour cela que l'on soit excusable ;
Il nous faudroit toutes dans des couvens
Claquemurer jusqu'à notre hyménée.
Moi qui vous parle ai même destinée ;
J'en garde au cœur un sensible regret.
J'eus trois enfans avant mon mariage.

A votre pere ai-je dit ce secret?
En avons-nous fait plus mauvais ménage?
Ce discours fut à peine proféré,
Que l'écoutant s'en court, et tout outré,
Trouve du bât la sangle et se l'attache,
Puis va criant par-tout : Je suis sanglé.
Chacun en rit, encor que chacun sçache
Qu'il a de quoi faire rire à son tour.
Les deux maris vont dans maint carrefour,
Criant, courant, chacun à sa maniere,
Bâté le gendre, et sanglé le beau-pere.
On doutera de ce dernier point-ci ;
Mais il ne faut telle chose mécroire.
Et par exemple, écoutez bien ceci :
Quand Roland sçut les plaisirs et la gloire
Que dans la grotte avoit eu son rival,
D'un coup de poing il tua son cheval.
Pouvoit-il pas, traînant la pauvre bête,
Mettre de plus la selle sur son dos?
Puis s'en aller, tout du haut de sa tête,
Faire crier et redire aux échos :
Je suis bâté, sanglé, car il n'importe,
Tous deux sont bons? Vous voyez de la sorte
Que ceci peut contenir vérité.
Ce n'est assez, cela ne doit suffire ;

Il faut aussi montrer l'utilité
De ce récit ; je m'en vais vous la dire.
L'heureux Damon me semble un pauvre sire ;
Sa confiance eut bientôt tout gâté.
Pour la sottise et la simplicité
De sa moitié, quant à moi je l'admire.
Se confesser à son propre mari !
Quelle folie ! Imprudence est un terme
Foible, à mon sens, pour exprimer ceci.
Mon discours donc en deux points se renferme.
Le nœud d'hymen doit être respecté,
Veut de la foi, veut de l'honnêteté :
Si par malheur quelque atteinte un peu forte
Le fait clocher d'un ou d'autre côté,
Comportez-vous de maniere et de sorte
Que ce secret ne soit point éventé.
Gardez de faire aux égards banqueroute :
Mentir alors est digne de pardon.
Je donne ici de beaux conseils sans doute :
Les ai-je pris pour moi-même ? Hélas ! non.

LE CONTRAT

LE malheur des maris, les bons tours des Agnès,
Ont été, de tout tems, le sujet de la fable.
Ce fertile sujet ne tarira jamais ;
    C'est une source inépuisable.
A de pareils malheurs tous hommes sont sujets :
Tel qui s'en croit exempt est tout seul à le croire ;
    Tel rit d'une ruse d'amour,
    Qui doit devenir à son tour
Le risible sujet d'une semblable histoire.
    D'un tel revers se laisser accabler,
    Est à mon gré sottise toute pure.
    Celui dont j'écris l'aventure,
Trouva dans son malheur de quoi se consoler.
CERTAIN riche bourgeois, s'étant mis en ménage,
    N'eut pas l'ennui d'attendre trop long-tems
        Les doux fruits du mariage :
Sa femme lui donna bientôt deux beaux enfans,
Une fille d'abord, un garçon dans la suite.
Le fils devenu grand fut mis sous la conduite
    D'un précepteur ; non pas de ces pédans
      Dont l'aspect est rude et sauvage :
      Celui-ci, gentil personnage,
Grand maître ès arts, sur-tout en l'art d'aimer,

Du beau monde avoit quelque usage,
Chantoit bien et sçavoit danser;
Et s'il faut déclarer tout le secret mystere,
Amour, dit-on, l'avoit fait précepteur.
Il ne s'étoit introduit près du frere,
Que pour voir de plus près la sœur.
Il obtient tout ce qu'il desire
Sous ce trompeur déguisement :
Bon précepteur, fidele amant,
Soit qu'il régente ou qu'il soupire,
Il réussit également.
Déjà son jeune pupile
Explique Horace et Virgile;
Et déjà la beauté qui fait tous ses désirs,
Sçait le langage des soupirs :
Notre maître en galanterie,
Très-bien lui fit pratiquer ses leçons :
Cette pratique aussitôt fut suivie
De maux de cœur, de pamoisons,
Non sans donner de terribles soupçons
Du sujet de la maladie :
Enfin tout se découvre, et le pere irrité
Menace, tempête, crie.
Le docteur épouvanté
Se dérobe à sa furie.

La belle volontiers l'auroit pris pour époux,
Pour femme volontiers il auroit pris la belle :
L'hymen étoit l'objet de leurs vœux les plus doux ;
   Leur tendresse étoit mutuelle ;
Mais l'amour aujourd'hui n'est qu'une bagatelle :
L'argent seul aujourd'hui forme les plus beaux nœuds.
   Elle étoit riche, il étoit gueux ;
C'étoit beaucoup pour lui, c'étoit trop peu pour elle.
Quelle corruption ! ô siecle ! ô temps ! ô mœurs !
Conformité de biens, différence d'humeur :
Souffrirons-nous toujours ta puissance fatale,
Méprisable intérêt, opprobre de nos jours,
   Tyran des plus tendres amours ?
   Mais faisons trêve à la morale,
   Et reprenons notre discours.
Le pere bien fâché, la fille bien marrie ;
Mais que faire, il faut bien réparer ce malheur,
   Et mettre à couvert son honneur :
   Quel remede ? on la marie,
Non au galant, j'en ai dit les raisons ;
Mais à certain quidam amoureux des testons
   Plus que de fillette gentille,
Riche suffisamment, et de bonne famille,
Au surplus bon enfant ; sot, je ne le dis pas,
   Puisqu'il ignoroit tout le cas.

Mais quand il le sçauroit, fait-il mauvaise emplette?
On lui donne à la fois vingt mille bons ducats,
   Jeune épouse et besogne faite.
  Combien de gens, avec semblable dot,
Ont pris, le sçachant bien, la fille et le gros lot ;
   Et celui-ci crut prendre une pucelle :
  Bien est-il vrai qu'elle en fit les façons ;
Mais quatre mois après la sçavante donzelle
   Montre le prix de ses leçons ;
   Elle mit au monde une fille.
   Quoi ! déja pere de famille,
   Dit l'époux, étant bien surpris :
Au bout de quatre mois ! c'est trop tôt, je suis pris,
   Quatre mois, ce n'est pas mon compte.
Sans tarder, au beau-pere il va compter sa honte,
Prétend qu'on le sépare, et fait bien du fracas.
Le beau-pere sourit, et lui dit, parlons bas :
   Quelqu'un pourroit bien nous entendre.
   Comme vous jadis je fus gendre,
   Et me plaignis en pareil cas ;
Je parlai comme vous d'abandonner ma femme :
C'est l'ordinaire effet d'un violent dépit.
Mon beau-pere défunt, Dieu veuille avoir son ame,
Il étoit honnête homme et me remit l'esprit :
La pillule, à vrai dire, étoit assez amere ;

Mais il sçut la dorer, et pour me satisfaire,
> D'un bon contrat de quatre mille écus,
> Qu'autrefois pour semblable affaire,
> Il avoit eu de son beau-pere,

Il augmenta la dot : je ne m'en plaignis plus.
Ce contrat doit passer de famille en famille :
Je le gardois exprès; ayez-en même soin :
> Vous pourrez en avoir besoin
> Si vous mariez votre fille.
> A ce discours le gendre moins fâché
> Prend le contrat, et fait la révérence.

Dieu préserve de mal ceux qu'en telle occurrence
> On console à meilleur marché.

LES QUIPROQUO

AME Fortune aime souvent à rire,
Et nous jouant un tour de son métier,
Au lieu des biens où notre cœur aspire,
D'un quiproquo se plaît à nous payer.
Ce sont ses jeux ; j'en parle à juste cause :
Il m'en souvient ainsi qu'au premier jour.
Cloris et moi nous nous aimions d'amour :
Au bout d'un an la belle se dispose
A me donner quelque soulagement,
Foible et léger : à parler franchement,
C'étoit son but ; mais quoi qu'on se propose,
L'occasion et le discret amant
Sont à la fin les maîtres de la chose.
Je vais un soir chez cet objet charmant :
L'époux étoit aux champs heureusement ;
Mais il revint, la nuit à peine close :
Point de Cloris. Le dédommagement
Fut que le sort en sa place suppose
Une soubrette à mon commandement :
Elle paya cette fois pour la dame.
Disons un troc, où réciproquement

Pour la soubrette on employa la femme.
De pareils traits tous les livres sont pleins :
Bien est-il vrai qu'il faut d'habiles mains
Pour amener chose ainsi surprenante :
Il est besoin d'en bien fonder le cas,
Sans rien forcer et sans qu'on violente
Un incident qui ne s'attendoit pas.
L'aveugle enfant, joueur de passe-passe,
Et qui voit clair à tendre maint panneau,
Fait de ces tours : celui-là du berceau
Leve la paille à l'égard du Bocace ;
Car quant à moi, ma main pleine d'audace
En mille endroits a peut-être gâté
Ce que la sienne a bien exécuté.
Or il est temps de finir ma préface,
Et de prouver par quelque nouveau tour
Les quiproquo de Fortune et d'Amour.
On ne peut mieux établir cette chose
Que par un fait à Marseille arrivé :
Tout en est vrai ; rien n'en est controuvé.
Là Clidamant, que par respect je n'ose
Sous son nom propre introduire en ces vers,
Vivoit heureux, se pouvoit dire en femme
Mieux que pas un qui fût en l'univers.
L'honnêteté, la vertu de la dame.

Sa gentillesse, et même sa beauté,
Devoient tenir Clidamant arrêté.
Il ne le fut. Le diable est bien habile ;
Si c'est adresse et tour d'habileté
Que de nous tendre un piege aussi facile
Qu'est le desir d'un peu de nouveauté.
Près de la dame étoit une personne,
Une suivante ainsi qu'elle mignone,
De même taille et de pareil maintien ;
Gente de corps, il ne lui manquoit rien
De ce qui plaît aux chercheurs d'aventures.
La dame avoit un peu plus d'agrément ;
Mais sous le masque on n'eût sçu bonnement
Laquelle élire entre ces créatures.
Le Marseillois, Provençal un peu chaud,
Ne manque pas d'attaquer au plutôt
Madame Alix, c'étoit cette soubrette.
Madame Alix, encor qu'un peu coquette,
Renvoya l'homme. Enfin il lui promet
Cent beaux écus bien comptés clair et net.
Payer ainsi des marques de tendresse,
En la suivante, étoit, vu le pays,
Selon mon sens, un fort honnête prix.
Sur ce pied-là qu'eût coûté la maîtresse ?
Peut-être moins ; car le hazard y fait.

Mais je me trompe; et la dame étoit telle
Que tout amant, et tant fût-il parfait,
Auroit perdu son latin auprès d'elle :
Ni dons, ni soins, rien n'auroit réussi.
Devrois-je y faire entrer les dons aussi ?
Las! ce n'est plus le siecle de nos peres :
Amour vend tout, et nymphes et bergeres;
Il met le taux à maint objet divin.
C'étoit un Dieu; ce n'est qu'un échevin.
O temps! ô mœurs! ô coutume perverse!
Alix d'abord rejette un tel commerce,
Fait l'irritée, et puis s'appaise enfin,
Change de ton, dit que le lendemain,
Comme madame avoit dessein de prendre
Certain remede, ils pourroient le matin
Tout à loisir dans la cave se rendre.
Ainsi fut dit, ainsi fut arrêté;
Et la soubrette ayant le tout conté
A sa maîtresse, aussitôt les femelles
D'un quiproquo font le projet entr'elles.
Le pauvre époux n'y reconnoîtroit rien,
Tant la suivante avoit l'air de la dame :
Puis supposé qu'il reconnût la femme,
Qu'en pouvoit-il arriver ? que tout bien :
Elle auroit lieu de lui chanter sa gamme.

Le lendemain par hazard Clidamant,
Qui ne pouvoit se contenir de joie,
Trouve un ami, lui dit étourdiment
Le bien qu'Amour à ses desirs envoie.
Quelle faveur! Non qu'il n'eût bien voulu
Que le marché pour moins se fût conclu :
Les cent écus lui faisoient quelque peine.
L'ami lui dit : eh bien, soyons chacun
Et du plaisir et des frais en commun.
L'époux n'ayant alors sa bourse pleine,
Cinquante écus à sauver étoient bons.
D'autre côté, communiquer la belle,
Quelle apparence ! y consentiroit-elle ?
S'aller ainsi livrer à deux Gascons !
Se tairoient-ils d'une telle fortune ?
Et devoit-on la leur rendre commune ?
L'ami leva cette difficulté.
Représentant que dans l'obscurité
Alix seroit fort aisément trompée.
Une plus fine y seroit attrapée :
Il suffiroit que tous deux, tour à tour,
Sans dire mot, ils entrassent en lice,
Se remettant du surplus à l'Amour,
Qui volontiers aideroit l'artifice.
Un tel silence en rien ne leur nuiroit ;

Madame Alix, sans manquer, le prendroit
Pour un effet de crainte et de prudence :
Les murs ayant des oreilles, dit-on,
Le mieux étoit de se taire : à quoi bon
D'un tel secret leur faire confidence?
Les deux galans ayant de la façon
Réglé la chose, et disposés à prendre
Tout le plaisir qu'Amour leur promettoit,
Chez le mari d'abord ils se vont rendre.
Là, dans le lit, l'épouse encore étoit.
L'époux trouva près d'elle la soubrette,
Sans nuls atours qu'une simple cornette,
Bref, en état de ne lui point manquer.
L'heure arriva : les amis contesterent
Touchant le pas, et long-temps disputerent.
L'époux ne fit l'honneur de la maison,
Tel compliment n'étant là de saison.
A trois beaux dés pour le mieux ils réglerent
Le précurseur, ainsi que de raison.
Ce fut l'ami : l'un et l'autre s'enferme
Dans cette cave, attendant de pied ferme
Madame Alix, qui ne vient nullement.
Trop bien la dame en son lieu s'en vint faire
Tout doucement le signal nécessaire.
On ouvre, on entre, et sans retardement,

Sans lui donner le temps de reconnoître
Ceci, cela, l'erreur, le changement,
La différence enfin qui pouvait être
Entre l'époux et son associé.
Avant qu'il pût aucun change paroître,
Au dieu d'Amour il fut sacrifié.
L'heureux ami n'eut pas toute la joie
Qu'il auroit eue en connoissant sa proie.
La dame avoit un peu plus de beauté,
Outre qu'il faut compter la qualité.
A peine fut cette scene achevée
Que l'autre acteur, par sa prompte arrivée,
Jette la dame en quelque étonnement ;
Car comme époux, comme Clidamant même,
Il ne montroit toujours si fréquemment
De cette ardeur l'emportement extrême.
On imputa cet excès de fureur
A la soubrette ; et la dame en son cœur
Se proposa d'en dire sa pensée.
La fête étant de la sorte passée,
Du noir séjour ils n'eurent qu'à sortir.
L'associé des frais et du plaisir
S'encourt en haut en certain vestibule.
Mais quand l'époux vit sa femme monter
Et qu'elle eut vu l'ami se présenter,

On peut juger quel soupçon, quel scrupule,
Quelle surprise eurent les pauvres gens.
Ni l'un ni l'autre ils n'avoient eu le tems
De composer leur mine et leur visage.
L'époux vit bien qu'il falloit être sage,
Mais sa moitié pensa tout découvrir.
J'en suis surpris; femmes sçavent mentir.
La moins habile en connoit la science.
Aucuns ont dit qu'Alix fit conscience
De n'avoir pas mieux gagné son argent,
Plaignant l'époux, et le dédommageant,
Et voulant bien mettre tout sur son compte :
Tout cela n'est que pour rendre le conte
Un peu meilleur. J'ai vu les gens mouvoir
Deux questions : l'une, c'est à sçavoir
Si l'époux fut du nombre des confreres,
A mon avis n'a point de fondement,
Puisque la dame et l'ami nullement
Ne prétendoient vaquer à ces mysteres.
L'autre point est touchant le talion ;
Et l'on demande, en cette occasion,
Si pour user d'une juste vengeance,
Prétendre erreur et cause d'ignorance
A cette dame auroit été permis.
Bien que ce soit assez là mon avis,

La dame fut toujours inconsolable.
Dieu gard' de mal celles qu'en cas semblable
Il ne faudroit nullement consoler.
J'en connois bien qui n'en feroient que rire.
De celles-là je n'ose plus parler,
Et je ne vois rien des autres à dire.

AVERTISSEMENT

Les cinq contes suivants ne sont pas de M. DE LA FONTAINE ; *mais, comme ils ont été insérés dans les précédentes éditions, on n'a pas osé les rejeter de celle-ci.*

LA COUTURIÈRE,
LE GASCON,
LA CRUCHE,

sont de M. AUTEREAU, *poëte et peintre.*

PROMETTRE EST UN, ET TENIR EST UN AUTRE, *est de* M. VERGIER.

Quelques-uns attribuent LE ROSSIGNOL *à* M. LAMBLIN, *conseiller au Parlement de Dijon ; d'autres à* M. DU TROUSSET DE VALINCOURT, *connu par sa critique du roman de la* PRINCESSE DE CLÈVES.

LA COUTURIERE

PAR M. AUTEREAU

CERTAINE sœur, dans un couvent,
 Avoit certain amant en ville,
 Qu'elle ne voyoit pas souvent;
 La chose, comme on sçait, est assez difficile.
Tous deux eussent voulu qu'elle l'eût été moins;
Tous deux à s'entrevoir apportoient tous leurs soins :
Notre sœur en trouva le secret la premiere :
Nonnettes en ceci manquent peu de talent.
  Elle introduisit le galant
  Sous le titre de couturiere,
  Sous le titre et l'habit aussi.
  Le tour ayant bien réussi,
  Sans causer le moindre scrupule,
Nos amans eurent soin de fermer la cellule,
Et passerent le jour assez tranquillement
  A coudre, mais Dieu sçait comment.
  La nuit vint; c'étoit grand dommage,
  Quand on a le cœur à l'ouvrage.
Il fallut le quitter : Adieu, ma sœur. Bon soir,
  Couturiere, jusqu'au revoir.
  Et ma sœur fut au réfectoire,
Un peu tard, et c'est là le fâcheux de l'histoire,

L'abbesse l'apperçut et lui dit en courroux :
Pourquoi donc venir la derniere ?
Madame, dit la sœur, j'avois la couturiere.
Vos guimpes ont donc bien des trous,
Pour la tenir une journée entiere ?
Quelle besogne avez-vous tant chez vous,
Où jusqu'au soir elle soit nécessaire ?
Elle en avoit encor, dit-elle, pour veiller.
Au métier qu'elle a fait, on a beau travailler,
On y trouve toujours à faire.

LE GASCON

PAR LE MÊME AUTEUR

JE soupçonne fort une histoire,
Quand le héros en est l'auteur.
L'amour-propre et la vaine gloire
Rendent souvent l'homme vanteur;
On fait toujours si bien son compte
Qu'on tire de l'honneur de tout ce qu'on raconte.
A ce propos, un Gascon, l'autre jour,
A table, au cabaret, avec un camarade,
De gasconnade en gasconnade,
Tomba sur ses exploits d'amour.
Dieu sçait si là-dessus il en avoit à dire.
Une grosse servante, à quatre pas de là,
Prêtoit l'oreille à tout cela,
Et faisoit de son mieux pour s'empêcher de rire.
A l'entendre conter, il n'étoit dans Paris
De Cloris
Dont il ne connût la ruelle,
Dont il n'eût eu quelques faveurs.
Son air étoit le trébuchet des cœurs.
Il aimoit celle-là, parce qu'elle étoit belle;
Celle-ci payoit ses douceurs,
Il avoit chaque jour des garnitures d'elle.

De plus, s'il étoit fort heureux,
Il n'étoit pas moins vigoureux.
Telle dame en étoit amplement assurée ;
A telle autre, en une soirée,
Il avoit sçu donner jusques à dix assauts.
Ah ! pour le coup, notre servante
Ne put pas s'empêcher de s'écrier tout haut :
Malepeste, comme il se vante !
Par ma foi ! je voudrois avoir ce qu'il s'en faut.

LA CRUCHE

PAR LE MÊME AUTEUR

N de ces jours dame Germaine,
Pour certain besoin qu'elle avoit,
Envoya Jeanne à la fontaine ;
Elle y courut, cela pressoit.
Mais en courant, la pauvre créature
Eut une fâcheuse aventure.
Un malheureux caillou, qu'elle n'aperçut pas,
Vint se rencontrer sous ses pas.
A ce caillou Jeanne trébuche,
Tombe enfin, et casse sa cruche.
Mieux eût valu cent fois s'être cassé le cou.
Casser une cruche si belle !
Que faire ? que deviendra-t-elle ?
Pour en avoir une autre elle n'a pas un sou.
Quel bruit va faire sa maîtresse,
De sa nature très-diablesse !
Comment éviter son courroux ?
Quel emportement ! que de coups !
Oserai-je jamais me r'offrir à sa vue ?
Non, non, dit-elle ; enfin, il faut que je me tue.
Tuons-nous. Par bonheur, un voisin, près de là,
Accourut, entendant cela ;
Et, pour consoler l'affligée,

PROMETTRE EST UN
ET TENIR EST UN AUTRE

PAR M. VERGIER

EAN, amoureux de la jeune Perrette,
Ayant en vain auprès d'elle employé
Soupirs, sermens, doux jargon d'amourette,
Sans que jamais rien lui fût octroyé,
Pour la fléchir s'avisa de lui dire,
En lui montrant de ses mains les dix doigts,
Qu'il lui pourroit prouver autant de fois
Qu'en fait d'amour il étoit un grand sire.
De tels signaux parlent éloquemment,
Et pour toucher ont souvent plus de force
Que soins, soupirs, et que tendres sermens.
Perrette aussi se prit à cette amorce.
Jà ses regards sont plus doux mille fois.
Plus de fierté ; l'amour a pris sa place :
Tout est changé, jusqu'au son de sa voix.
On souffre Jean, voire même on l'agace,
On lui sourit, on le pince par fois ;
Et le galant, voyant l'heure venue,
L'heure aux amans tant seulement connue,
Ne perd point tems, prend quelques menus droits,

Va plus avant, et si bien s'insinue,
Qu'il acquitta le premier de ses doigts ;
Passe au second, au tiers, au quatriéme,
Reprend haleine et fournit le cinquiéme.
Mais qui pourroit aller toujours de même !
Ce n'est moi jà, quoique d'âge à cela ;
Ne Jean aussi, car il en resta là.
Perrette donc en son compte trompée,
Si toutefois c'est tromper que ceci,
Car j'en connois mainte très-haut huppée
Qui voudroit bien être trompée ainsi ;
Perrette, dis-je, abusée en son compte,
Et ne pouvant rien de plus obtenir,
Se plaint à Jean, lui dit que c'est grand'honte
D'avoir promis et de ne pas tenir.
Mais à cela cettui trompeur apôtre,
De son travail suffisamment content,
Sans s'émouvoir, répond en la quittant :
Promettre est un, et tenir est un autre.
Avec le temps j'acquitterai les dix ;
En attendant, Perrette, adieu vous dis.

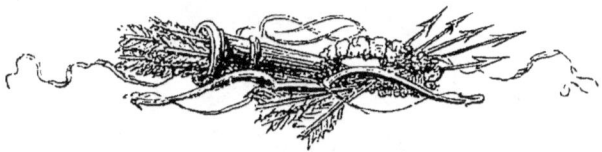

LE ROSSIGNOL,

PAR M. LAMBLIN
Conseiller au Parlement de Dijon

ou

PAR M. DU TROUSSET DE VALINCOURT
de l'Académie Françoise.

Pour garder certaine toison,
On a beau faire sentinelle ;
C'est temps perdu lorsqu'une belle,
Y sent grande démangeaison :
Un adroit et charmant Jason,
Avec l'aide de la donzelle
Et de maître expert Cupidon,
Trompe facilement et taureaux et dragon.
La contrainte est l'écueil de la pudeur des filles.
Les surveillans, les verroux et les grilles
Sont une foible digue à leur tempérament.
A douze ans aujourd'hui, point d'Agnès : à cet âge
Fillette nuit et jour s'applique uniquement
A trouver les moyens d'endormir finement
    Les Argus de son pucelage.
Larmes de crocodile, yeux lascifs, doux langage,

Soupirs, souris flatteur, tout est mis en usage,
  Quand il s'agit d'attraper un amant.
   Je n'en dirai pas davantage,
  Lecteur, regardez seulement
La finette Cataut jouer son personnage,
Et comment elle met le rossignol en cage;
Après je m'en rapporte à votre jugement.
   Dans une ville d'Italie
   Dont je n'ai jamais sçu le nom,
   Fut une fille fort jolie :
Son pere étoit messire Varambon.
Bocace ne dit point comme on nommoit la mere,
Aussi cela n'est pas trop utile à sçavoir.
La fille s'appeloit Catherine ; et pour plaire
Elle avoit amplement tout ce qu'il faut avoir :
Age de quatorze ans, teint de lis et de roses,
  Beaux yeux, belle gorge, et beaux bras,
  Grands préjugés pour les secrets appas.
Le lecteur pense bien qu'avec toutes ces choses,
   Fillette manque rarement
    D'un amant.
  Aussi n'en manqua la pucelle.
Richard la vit, l'aima, fit tant en peu de jours,
  Par ses regards, par ses discours,
Qu'il alluma pour lui dans le cœur de la belle

La même ardeur qu'il ressentoit pour elle.
L'un de l'autre déjà faisoit tous les plaisirs ;
Déjà mêmes langueurs, déjà mêmes désirs ;
 Désirs de quoi ? Besoin n'ai de le dire,
Sans trop d'habileté l'on peut le deviner ;
Quand un cœur amoureux à cet âge soupire,
 On sçait assez ce qu'il peut désirer.
Un point de nos amans retardoit le bonheur :
La mere aimoit sa fille avecque tant d'ardeur
Qu'elle n'auroit sçu vivre un seul moment sans elle ;
Le jour l'avoit toujours pendue à son côté,
Et la nuit la faisoit coucher dans sa ruelle.
Un peu moins de tendresse et plus de liberté
 Eût mieux accommodé la belle.
 Cet excès d'amour maternelle
 Est bon pour les petits enfans ;
 Mais fillette de quatorze ans
 Bientôt s'en lasse et s'en ennuie.
 Catherine en jour de sa vie
N'avoit pu profiter d'un seul petit moment
 Pour entretenir son amant ;
C'étoit pour tous les deux une peine infinie.
Quelquefois, par hazard, il lui serroit la main
 Quand il la trouvoit en chemin ;
Quelquefois un baiser pris à la dérobée ;

Et puis c'est tout. Mais qu'est-ce que cela ?
C'est proprement manger son pain à la fumée.
Tous deux étoient trop fins pour en demeurer là.
  Or, voici comme il en alla :
  Un jour, par un bonheur extrême,
Ils se trouverent seuls, sans mere et sans jaloux.
Que me sert, dit Richard, hélas! que je vous aime?
  Que me sert d'être aimé de vous?
 Cela ne fait qu'augmenter mon martyre;
Je vous vois sans vous voir; je ne puis vous parler;
  Si je me plains, si je soupire,
  Il me faut tout dissimuler.
Ne sçauroit-on enfin vous voir sans votre mere?
  Ne sçauriez-vous trouver quelque moyen?
Hélas! vous le pouvez, si vous le voulez bien;
Mais vous ne m'aimez pas. Si j'étois moins sincere,
  Dit Catherine à son amant;
  Je vous parlerois autrement.
Mais le temps nous est cher; voyons ce qu'il faut faire.
  Il faudroit donc, lui dit Richard,
Si vous avez dessein de me sauver la vie,
Vous faire mettre un lit dans quelque chambre à part,
  Par exemple, à la galerie;
  On vous y pourroit aller voir
   Sur le soir,

LE ROSSIGNOL.

Alors que chacun se retire ;
Autrement on ne peut vous parler qu'à demi ;
Et j'ai cent choses à vous dire,
Que je ne puis vous dire ici.
Ce mot fit la belle sourire ;
Elle se douta bien de ce qu'on lui diroit :
Elle promit pourtant au sire
De faire ce qu'elle pourroit.
La chose n'étoit pas facile ;
Mais l'amour donne de l'esprit,
Et sçait faire une Agnès habile :
Voici comment elle s'y prit.
Elle ne dormit point durant toute la nuit,
Ne fit que s'agiter, et mena tant de bruit,
Que ni son pere ni sa mere
Ne purent fermer la paupiere
Un seul moment.
Ce n'étoit pas grande merveille :
Fille qui pense à son amant absent,
Toute la nuit, dit-on, a la puce à l'oreille,
Et ne dort que fort rarement.
Dès le matin Cataut se plaignit à sa mere
Des puces de la nuit, du grand chaud qu'il faisoit.
On ne peut point dormir ; maman, s'il vous plaisoit
Me faire tendre un lit dans cette galerie ;

Il y fait bien plus frais, et puis dès le matin,
Du rossignol qui vient chanter sous ce feuillage,
   J'entendrois le ramage.
  La bonne mere y consentit,
  Va trouver son homme, et lui dit :
  Cataut voudroit changer de lit,
  Afin d'être au frais, et d'entendre
  Le rossignol. Ah ! qu'est ceci ?
 Dit le bon-homme, et quelle raillerie ?
Allez, vous êtes folle, et votre fille aussi,
Avec son rossignol : qu'elle se tienne ici ;
   Il fera cette nuit-ci
   Plus frais que la nuit passée ;
  Et puis elle n'est pas, je croi,
   Plus délicate que moi ;
J'y couche bien. Cataut se tint fort offensée
  De ce refus ; et la seconde nuit
   Fit cinquante fois plus de bruit
  Qu'elle n'avoit fait la premiere,
  Pleura, gémit, se dépita,
  Et dans son lit se tourmenta,
   D'une si terrible maniere,
  Que la mere s'en affligea,
Et dit à son mari : Vous êtes bien maussade,
  Et n'aimez guere votre enfant ;

LE ROSSIGNOL.

Vous vous jouez assûrément
A la faire tomber malade :
Je la trouve déjà tout je ne sçais comment.
Répondez-moi, quelle bizarrerie
De ne pas la coucher dans cette galerie ?
Elle est tout aussi près de nous.
A la bonne heure, dit l'époux ;
Je ne sçaurois tenir contre femme qui crie :
Vous me feriez devenir fou ;
Passez-en votre fantaisie,
Et qu'elle entende tout son sou
Le rossignol et la fauvette.
Sans délai la chose fut faite ;
Catherine à son pere obéit promptement,
Se fait dresser un lit, fait signe à son amant
Pour le soir. Qui voudra sçavoir présentement
Combien dura pour eux toute cette journée,
Chaque moment une heure, et chaque heure une année,
C'est tout le moins ; mais la nuit vint ;
Et Richard fit si bien, à l'aide d'une échelle
Qu'un fripon de valet lui tint,
Qu'il parvint au lit de la belle.
De dire ce qui s'y passa,
Combien de fois on s'embrassa,
En combien de façons l'amant et la maîtresse

Se témoignerent leur tendresse,
Ce seroit temps perdu : les plus doctes discours
Ne sçauroient jamais faire entendre
Le plaisir des tendres amours ;
Il faut l'avoir goûté pour le pouvoir comprendre.
Le rossignol chanta toute la nuit ;
Et quoiqu'il ne fît pas grand bruit,
Catherine en fut fort contente.
Celui qui chante aux bois son amoureux souci
Ne lui parut qu'un âne auprès de celui-ci.
Mais le malheur voulut que l'amant et l'amante
Trop foibles de moitié pour leurs ardens désirs,
Et lassés par leurs doux plaisirs,
S'endormirent tous deux sur le point que l'Aurore
Commençoit à s'appercevoir.
Le pere, en se levant, fut curieux de voir
Si sa fille dormoit encore.
Voyons un peu, dit-il, quel effet ont produit
Le chant du rossignol, le changement de lit.
Il entre dans la galerie,
Et s'étant approché sans bruit,
Il trouva sa fille endormie.
A cause du grand chaud nos deux amans, dormans,
Etoient sans drap ni couverture,
En état de pure nature,

Justement comme on peint nos deux premiers parens;
    Excepté qu'au lieu de la pomme,
    Catherine avoit dans sa main
    Ce qui servit au premier homme
    A conserver le genre humain;
Ce que vous ne sçauriez prononcer sans scrupule,
Belles qui vous piquez de sentimens si fiers,
Et dont vous vous servez pourtant très-volontiers,
    Si l'on en croit le bon Catulle.
Le bon homme à ses yeux à peine ajoûte foi;
Mais enfin renfermant le chagrin dans son ame,
Il rentre dans sa chambre et réveille sa femme :
Levez-vous, lui dit-il, et venez avec moi :
    Je ne m'étonne plus pourquoi
Cataut vous témoignoit si grand désir d'entendre
Le rossignol : vraiment ce n'étoit pas en vain;
    Elle avoit dessein de le prendre,
Et l'a si bien guetté qu'elle l'a dans sa main.
La mere se leva pleurant presque de joie :
Un rossignol! vraiment il faut que je le voie.
Est-il grand? chante-t-il? fera-t-il des petits?
Hélas! la pauvre enfant, comment l'a-t-elle pris!
    Vous l'allez voir, reprit le pere;
    Mais sur-tout songez à vous taire;
Si l'oiseau vous entend, c'est autant de perdu;

Vous gâterez tout le mystere.
Qui fut surpris? ce fut la mere,
Aussi-tôt qu'elle eut apperçu
Le rossignol que tenoit Catherine.
Elle voulut crier, et l'appeler mâtine,
Chienne, effrontée, enfin tout ce qu'il vous plaira,
Peut-être faire pis; mais l'époux l'empêcha.
Ce n'est pas de vos cris que nous avons à faire :
Le mal est fait, dit-il; et quand on pestera,
Ni plus ni moins il en sera :
Mais sçavez-vous ce qu'il faut faire?
Il faut le réparer le mieux que l'on pourra.
Qu'on m'aille quérir le notaire,
Et le prêtre, et le commissaire;
Avec leur bon secours tout s'accommodera.
Pendant tous ces discours notre amant s'éveilla;
Et voyant le soleil : Hélas! dit-il, ma chere,
Le jour nous a surpris, je ne sçais comment faire
Pour m'en aller. Tout ira bien,
Lui répondit alors le pere :
Or ça, sire Richard, il ne sert plus de rien
De me plaindre de vous, de me mettre en colere;
Vous m'avez fait outrage, il n'est qu'un seul moyen
Pour m'appaiser, et pour me satisfaire :
C'est qu'il vous faut ici, sans délai ni refus

(Sinon dites votre *In manus*),
Epouser Catherine ; elle est bien demoiselle.
Si Dieu ne l'a pas faite aussi riche que vous,
Pour le moins elle est jeune, et vous la trouvez belle.
S'exposer à souffrir une mort très-cruelle,
Et cela seulement pour avoir refusé
  De prendre à femme une fille qu'on aime,
Ce seroit à mon sens être mal-avisé.
  Aussi dans ce péril extrême,
Richard fut habile homme, et ne balança pas
  Entre la fille et le trépas.
  Sa maîtresse avoit des appas ;
Il venoit de goûter la nuit entre ses bras
  Le plus doux plaisir de la vie ;
Il n'avoit pas apparemment envie
  D'en partir si brusquement.
  Or pendant que notre amant
Songe à se faire époux pour se tirer d'affaire,
Cataut, se réveillant à la voix de son pere,
Lâcha le rossignol dessus sa bonne foi ;
Et tirant doucement le bout du drap sur soi,
  Cacha les trois quarts de ses charmes.
Le notaire arrivé mit fin à leurs alarmes :
  On écrivit, et l'on signa.
  Ainsi se fit le mariage,

Et puis jusqu'à midi chacun les laissa là.
Le pere, en les quittant, leur dit : Prenez courage;
Enfans, le rossignol est maintenant en cage;
 Il peut chanter tant qu'il voudra.

ÉPITAPHE DE M. DE LA FONTAINE

FAITE PAR LUI-MÊME

JEAN s'en alla comme il étoit venu,
Mangeant son fonds après son revenu ;
Croyant le bien chose peu nécessaire.
Quant à son temps, bien sçut le dispenser :
Deux parts en fit, dont il souloit passer
L'une à dormir, et l'autre à ne rien faire.

TABLE DES CONTES

DU SECOND VOLUME.

Préface de l'auteur sur le second tome de ces Contes.   v
Les Oies de Frere Philippe. *Nouvelle tirée de Bocace.*   1
Richard Minutolo. *Nouvelle tirée de Bocace.*   9
Les Cordeliers de Catalogne. *Nouvelle tirée des Cent Nouvelles nouvelles.*   19
Le Berceau. *Nouvelle tirée de Bocace.*   31
L'Oraison de S. Julien. *Nouvelle tirée de Bocace.*   41
Le Villageois qui cherche son veau. *Conte tiré des Cent Nouvelles nouvelles.*   57
L'Anneau d'Hans Carvel. *Conte tiré de Rabelais.*   59
L'Hermite. *Nouvelle tirée de Bocace.*   61
Mazet de Lamporechio, *Nouvelle tirée de Bocace.*   71
La Mandragore. *Nouvelle tirée de Machiavel.*   79
Les Rémois.   93
La Courtisane amoureuse.   103
Nicaise.   117
Comment l'esprit vient aux filles.   129
L'Abbesse malade.   135
Les Troqueurs.   139
Le Cas de conscience.   147
Le Diable de Papefiguiere.   155
Féronde, ou le Purgatoire.   163
Le Psautier.   173
Le Roi Candaule, et le Maître en droit.   179

TABLE.

Le Diable en enfer.	195
La Jument du Compere Pierre.	205
Les Lunettes.	213
Le Cuvier.	223
La Chose impossible.	227
Le Tableau.	231
Le Bât.	241
Le Faiseur d'oreilles, et le Raccommodeur de moules. *Conte tiré des Cent Nouvelles nouvelles, et d'un Conte de Bocace.*	243
Le Fleuve Scamandre.	253
La Confidente sans le sçavoir, ou le Stratagème.	259
Le Remede.	267
Les Aveux indiscrets.	273
Le Contrat.	279
Les Quiproquo.	285
La Couturiere.	297
Le Gascon.	299
La Cruche.	301
Promettre est un, et tenir est un autre.	303
Le Rossignol.	305
Epitaphe de La Fontaine.	
Table des Contes du second volume.	319

www.ingramcontent.com/pod-product-compliance
Lightning Source LLC
Chambersburg PA
CBHW050609230426
43670CB00009B/1324